OEUVRES COMPLÈTES

DE

SIR WALTER SCOTT.

Traduction Nouvelle.

PARIS,
CHARLES GOSSELIN et A. SAUTELET ET Cº
LIBRAIRES-ÉDITEURS.

M DCCC XXVII.

ŒUVRES COMPLÈTES

DE

SIR WALTER SCOTT.

TOME SOIXANTE-QUATRIÈME.

IMPRIMERIE DE H. FOURNIER,
RUE DE SEINE, N° 14.

HISTOIRES

DU TEMPS

DES CROISADES.

(Tales of the Crusades).

TOME PREMIER.

INTRODUCTION.

MINUTE

DE LA SÉANCE D'UNE ASSEMBLÉE GÉNÉRALE D'ACTIONNAIRES VOULANT FORMER UNE SOCIÉTÉ EN COMMANDITE, POUR COMPOSER ET PUBLIER LE GENRE D'OUVRAGES CONNUS SOUS LE NOM DE ROMANS DE L'AUTEUR DE WAVERLEY, TENUE A LA TAVERNE DE WATERLOO, REGENT'S BRIDGE, A ÉDIMBOURG, LE 1ᵉʳ JUIN 1825.

Le lecteur doit avoir remarqué que les divers rapports de ce qui se passa dans cette assemblée furent insérés dans les journaux avec plus d'inexactitude encore qu'à l'ordinaire. Il ne faut pas en attribuer la cause à une délicatesse mal entendue, qui aurait empêché les correspondans des ouvrages périodiques de faire valoir le privilège qu'ils ont de se trouver, sans exception, partout où quelques individus sont réunis, et de faire connaître au public, par la voie de l'impression, les détails de tout ce qui peut s'y passer de plus secret. On avait pris en cette occasion des moyens inusités et arbitraires pour leur ôter la possibilité d'user d'un droit que leur accordent généralement presque toutes les assemblées, politiques ou commerciales, si bien qu'il fallut que notre correspondant fût assez hardi pour se cacher sous le bureau du secrétaire, où il ne fut découvert que lorsque l'assemblée était sur le point de se séparer. Nous dirons avec peine qu'il souffrit personnellement beaucoup des pieds et des poings des honorables membres, et que deux ou trois pages importantes de son manuscrit furent déchirées, ce qui fait que son rapport se termine brusquement. Nous ne pouvons considérer cette conduite que comme excessivement illibérale de la part de gens qui ont eux-mêmes une sorte de relation avec la presse, et même avec la presse périodique, vu la multiplicité fatigante des ouvrages qu'ils mettent au jour. Ils doivent se regarder comme fort heureux que notre correspondant n'ait cherché à se venger que par le ton d'aigreur dont il a assaisonné la relation de leur séance.

(*Extrait d'un journal d'Édimbourg.*)

Une assemblée des personnes intéressées à la publication des ouvrages célèbres connus sous le nom de *Romans de l'auteur de Waverley* ayant été convoquée par un avis public, elle fut composée de divers personnages avantageusement connus dans la littérature. Il fut d'abord convenu que chaque individu serait désigné par le nom qu'il porte dans les ouvrages en question; après quoi Eidolon (1) fut unanimement appelé au

(1) La personnification ou l'apparition de l'auteur de *Waverley*.
Éd.

fauteuil, et Jonathan Oldbuck, de Monkbarns (1), fut prié de remplir les fonctions de secrétaire.

Le président adressa alors la parole à l'assemblée dans les termes suivans :

Messieurs,

Je n'ai pas besoin de vous rappeler que nous avons tous le même intérêt dans la propriété des ouvrages précieux qui se sont accumulés par suite de nos travaux communs. Tandis que le public dans ses loisirs s'occupe à attribuer à un individu, et puis à un autre, la masse énorme d'ouvrages variés qui sont le fruit des efforts réunis de plusieurs, vous, messieurs, vous savez fort bien que chacun de ceux qui composent cette nombreuse assemblée a déjà eu sa part de l'honneur et du profit de nos succès communs. Supposer qu'une masse si considérable de phrases sensées et de phrases insignifiantes, de sérieux et de plaisanteries, de pathétique et de gaieté, de choses bonnes, mauvaises et médiocres, formant des vingtaines de volumes, puisse être l'ouvrage d'une seule main, quand on connaît la doctrine si bien établie par l'immortel Adam Smith relativement à la division du travail, — voilà ce qui me semble inexplicable de la part de gens si clairvoyans. D'ailleurs ceux qui ont une opinion si étrange ne sont-ils pas assez instruits pour savoir qu'il faut vingt paires de mains pour faire une bagatelle comme une épingle, vingt couples de chiens pour tuer un animal aussi peu redoutable qu'un renard ?.....

— Holà ! holà ! s'écria un vigoureux villageois ; j'ai

(1) *L'Antiquaire*, du roman de ce nom. — Ed.

dans ma ferme une levrette qui tuerait le plus fin renard du Pomaragaires, avant que vous puissiez seulement dire le mot *Dumpling* (1).

— Qui est cet homme? demanda le président avec un peu de chaleur, à ce qui nous parut.

— Le fils de Dandie Dinmont (2), répondit le campagnard sans se déconcerter. Pardieu, vous vous en souvenez, je crois, car ce n'est pas le plus mauvais de la bande, à ce qu'il me semble. Je suis de société avec lui dans la ferme, voyez-vous, et je puis devenir quelque chose de plus, et prendre une petite part d'actions dans votre manufacture de livres.

— Fort bien, fort bien, répliqua le président; mais, silence, je t'en prie, silence. — Messieurs, quand j'ai été ainsi interrompu, j'étais sur le point de vous exposer l'objet de cette réunion, qui, comme la plupart de vous le savent déjà, a été convoquée pour discuter une proposition déposée sur votre bureau, et que j'ai eu l'honneur moi-même de vous soumettre à notre dernière assemblée; proposition tendant à solliciter du corps législatif un acte du parlement qui nous réunisse en corporation, et donne à l'un de nous *jus standi in judicio* (3), avec plein pouvoir de poursuivre et de faire condamner, de la manière qui y sera énoncée, quiconque usurpera notre privilège exclusif. Dans une lettre que je viens de recevoir de l'ingénieux M. Dousterswivel.... (4).

(1) Sorte de pouding. — Éd.
(2) Le fermier de *Guy Mannering*. — Éd.
(3) Le droit de juger. — Tr.
(4) Le charlatan allemand de *l'Antiquaire*. — Éd.

— Je m'oppose à ce qu'on prononce le nom de ce drôle, s'écria Oldbuck avec chaleur; c'est un véritable escroc.

— Fi! M. Oldbuck, dit le président. Employer de pareils termes en parlant de l'ingénieux inventeur de la machine construite à Groningue, avec brevet d'invention; machine qui reçoit à une de ses extrémités du chanvre écru, et qui rend à l'autre des chemises garnies de jabots, sans qu'on ait besoin d'employer ni peigne ni carde, ni navette, ni ciseaux, ni aiguille, ni tisserand, ni couturières! Il la perfectionne en ce moment par l'addition d'un nouveau mécanisme qui remplira les fonctions de la blanchisseuse. Il est vrai que lorsqu'on en fit l'épreuve devant Son Honneur le bourgmestre, on reconnut que les fers à repasser s'échauffaient au point de devenir rouges. A cette exception près, l'expérience réussit complètement. Il deviendra aussi riche qu'un juif.

— Eh bien, ajouta M. Oldbuck, si le coquin....

— Coquin, M. Oldbuck, est une expression très-inconvenante, dit le président, et je suis obligé de vous rappeler à l'ordre. M. Dousterswivel est seulement un génie *excentrique*.

— A peu près la même chose qu'en grec, murmura M. Oldbuck; et il ajouta en élevant la voix : Mais si ce génie *excentrique* trouve assez d'ouvrage à brûler les chemises des Hollandais, que diable a-t-il à faire ici ?

— Il pense, dit le président, qu'au moyen d'un petit mécanisme, et en employant la vapeur, on pourrait économiser une partie du travail de la composition des romans dont il s'agit.

Cette proposition fut suivie d'un murmure de mécontentement, et l'on entendit répéter de toutes parts à voix basse : — Nous y voilà! C'est nous ôter le pain de la bouche! autant fabriquer un prêtre à vapeur! et ce ne fut qu'après plusieurs appels à l'ordre que le président put reprendre la parole.

— A l'ordre! à l'ordre! s'écriait-il; soutenez votre président. Écoutez! écoutez! écoutez le président!

— Messieurs, continua-t-il, il faut vous dire d'abord que cette opération mécanique ne peut s'appliquer qu'à ces parties de nos narrations qui ne se composent jusqu'à présent que de lieux communs, comme les déclarations d'amour du héros, la description de la personne de l'héroïne, les observations morales de toute espèce, et la distribution convenable de bonheur entre les divers personnages au dénouement. M. Dousterswivel m'a envoyé quelques dessins qui prouvent assez bien qu'en plaçant les expressions et les phrases techniques employées en pareil cas, dans une espèce de châssis semblable à celui du sage de Laputa (1), et en les faisant changer de place par un procédé mécanique analogue à celui dont se servent les fabricans de toiles damassées pour varier leurs dessins, il ne peut manquer de se former beaucoup de combinaisons aussi nouvelles qu'heureuses, tandis que l'auteur, fatigué de mettre son cerveau à la torture, trouvera un délassement agréable en employant ses doigts.

— Je ne parle que pour m'instruire, monsieur le président, dit le révérend M. Lawrence Templeton (2);

---

(1) Voyez les *Voyages de Gulliver* dans l'île de Laputa. — ÉD.

(2) Personnage fictif auquel dans l'origine devait être attribué le roman d'*Ivanhoe*. — ÉD.

mais je suis porté à croire que le roman intitulé WALLADMOR (1) est l'ouvrage de Dousterswivel, c'est-à-dire de sa machine à vapeur.

— Fi donc, M. Templeton! dit le président; il y a de bonnes choses dans Walladmor, je vous en assure; c'est dommage que l'auteur n'aie rien connu du pays où il a placé la scène.

— Ou qu'il n'ait pas eu l'esprit, comme quelques-uns de nous, dit M. Oldbuck, de la placer dans un pays assez inconnu et assez éloigné pour que personne n'eût pu lui donner un démenti.

— Quant à cela, répondit le président, il faut faire attention que cet ouvrage a été fait pour l'Allemagne, où l'on ne connaît ni les mœurs ni le *crw* (2) du pays de Galles.

— Fasse le ciel qu'on n'en dise pas autant de l'ouvrage que nous allons publier! dit le docteur Dryasdust en montrant quelques volumes placés sur le bureau. Je crains que les mœurs que peignent nos FIANCÉS n'obtiennent pas l'approbation du Cymmerodion. J'aurais désiré qu'on eût compulsé Llhuyd (3), consulté Powel (4), cité l'histoire de Lewis (5), surtout les disser-

---

(1) Ce roman, attribué en Allemagne à sir Walter Scott, a été traduit en français et publié à Paris. — ÉD.

(2) Liqueur spiritueuse fort en usage dans le pays de Galles.
ÉD.

(3) Llhuyd. Il y a eu deux antiquaires de ce nom Edouard Llhuyd et Llumphrey. Tous deux ont écrit sur le pays de Galles, mais surtout le second, auteur d'une histoire de Camoens dont le docteur Powell, cité après, a publié une édition. — ÉD.

(4) *Annotationes in itinerarium Cambriæ*, etc — ÉD.

(5) John Lewis, savant antiquaire, etc. — ÉD.

tations préliminaires, afin de donner un poids convenable à l'ouvrage.

— Lui donner du poids! s'écria le capitaine Clutterbuck (1); sur mon ame, docteur, il est déjà assez lourd.

— Adressez-vous au fauteuil (2), dit le président avec un peu d'humeur.

— Eh bien, je m'adresse au fauteuil, répliqua le capitaine Clutterbuck, et je dis que nos Fiancés sont assez lourds pour briser le fauteuil de Jean de Gand, et même Cador Edris (3). Je dois pourtant ajouter que, d'après mon pauvre jugement, le Talisman marche avec plus de légèreté.

— Il ne m'appartient pas de parler, dit le digne ministre de Saint Ronan (4); mais je dois pourtant dire qu'après m'être occupé si long-temps du *Siège de Ptolémaïs*, mon ouvrage, tout faible qu'il est, aurait dû être donné au public avant tout autre, du moins sur un sujet semblable.

— Votre siège! ministre, dit M. Oldbuck avec un air de souverain mépris; parlerez-vous de votre misérable prose en ma présence, quand mon grand poëme historique en vingt chants, accompagné de notes en nombre proportionné, a été remis *ad græcas calendas* ?

Le président, qui paraissait souffrir beaucoup pen-

(1) L'officier en retraite du village de Melrose. Voyez l'introduction du *Monastère*. — Éd.

(2) C'est-à-dire au président. Allusion à l'usage du parlement, qui oblige chaque membre d'adresser ses discours à l'orateur (*speaker*) de la chambre (*le président*), qui est par parenthèse le député qui parle le moins. — Éd.

(3) Hautes montagnes du pays de Galles. — Éd.

(4) M. Cargill, dans les *Eaux de Saint-Ronan*. — Éd.

dant cette discussion, prit alors la parole avec un air de dignité et de résolution. — Messieurs, dit-il, cette sorte de discussion est tout-à-fait irrégulière. Une proposition vous a été faite, et je dois y rappeler votre attention. Quant à la priorité de publication, vous devez vous souvenir que cet objet est du ressort du comité de critique, dont les décisions à ce sujet sont sans appel. Je déclare que je quitterai le fauteuil si l'on s'occupe encore d'affaires étrangères au but de cette réunion. Et maintenant, messieurs, que nous sommes rentrés dans l'ordre, je voudrais que quelqu'un de vous parlât sur la question. Il s'agit de savoir si, étant associés pour un commerce d'ouvrages de fiction, en prose et en vers, nous ne devons pas nous faire incorporer par acte du parlement. Que dites-vous de cette proposition, messieurs? *Vis unita fortior* (la force naît de l'union) est un vieil adage dont la vérité est incontestable.

— *Societas mater discordiarum :* Société, mère de discorde ; c'est un brocard ni moins ancien, ni moins véritable, dit Oldbuck, qui semblait déterminé en cette occasion à n'agréer aucune proposition qui aurait l'assentiment du président.

— Allons, Monkbarns, dit le président en prenant un ton aussi insinuant qu'il le pouvait, vous avez fait une étude approfondie des institutions monastiques, et vous savez qu'il faut une réunion de personnes et de talens pour faire quelque chose de recommandable, et obtenir un ascendant convenable sur l'esprit du siècle. *Tres faciunt capitulum ;* il faut trois moines pour faire un chapitre.

— Et neuf tailleurs pour faire un homme, répliqua Oldbuck n'en persistant pas moins dans son esprit d'opposition; cette citation vient aussi à propos que l'autre.

— Allons, allons, dit le président, vous savez que le prince d'Orange dit à M. Seymour : Sans association nous ne sommes qu'une corde de sable.

— Je sais, répondit Oldbuck, qu'il aurait été tout aussi convenable de ne rien laisser percer du vieux levain en cette occasion, quoique vous soyez auteur d'un roman jacobite. Je ne connais plus *le prince d'Orange* après 1688, mais j'ai beaucoup entendu parler de l'immortel Guillaume III.

— Et, autant que je puis m'en souvenir, dit M. Templeton à Oldbuck en lui parlant à l'oreille, ce fut Seymour qui fit cette remarque au prince, et non le prince à Seymour; mais c'est un échantillon de l'exactitude de notre ami. Il se fie trop à sa mémoire. Le pauvre homme! depuis quelques années, monsieur, il baisse beaucoup; il tombe.

— Il est à terre, répondit Oldbuck; mais que pouvez-vous attendre d'un homme qui est trop engoué de ses ouvrages faits à la hâte et n'ayant qu'un faux brillant, pour demander l'assistance d'hommes érudits et d'un talent solide?

— Point de chuchotemens, point de cabales, point de conversations particulières, messieurs! s'écria l'infortuné président, qui nous rappela l'idée d'un montagnard, conducteur de bestiaux, faisant tous ses efforts pour réunir et retenir dans le chemin son bétail noir qui cherche à s'en écarter.

— Je n'ai pas encore entendu, continua-t-il, une seule objection raisonnable à la proposition de solliciter l'acte du parlement, dont le projet est sur le bureau. Vous devez savoir que les extrêmes de la société inculte et civilisée sont de nos jours sur le point de se toucher. Du temps des patriarches, un homme était son propre tisserand, son tailleur, son cordonnier, son boucher, etc., etc.; dans le siècle des sociétés en commandite, comme on peut appeler celui dans lequel nous vivons, on peut dire dans un sens qu'un seul individu exerce la même pluralité de métiers. Dans le fait, un homme qui a trempé largement dans ces spéculations peut proportionner ses dépenses à l'augmentation de son revenu, comme l'ingénieuse machine hydraulique, qui plus elle dépense d'eau plus elle en tire; il achète son pain de la compagnie des boulangers; sa crème et son fromage de la compagnie pour la fourniture du lait; et son habit neuf de celle des habillemens; c'est la compagnie pour le gaz qui éclaire sa maison; et il boit une bouteille de vin de plus par le bénéfice de la compagnie pour l'importation du vin. Comme il a lui-même une action dans toutes ces compagnies, ce qui serait pour un autre un acte de pure extravagance contient pour lui l'*odorem lucri* (1), et devient conforme à la prudence. Quand même le prix de l'objet dont il a besoin serait exorbitant, quand même la qualité en serait inférieure, puisqu'il est en même temps vendeur et acheteur, s'il est trompé il en profite lui-même. Bien plus, si la société en commandite des entrepreneurs de funérailles veut s'unir à la société de médecine, comme l'avait proposé feu le facétieux docteur G***, sous la raison de la Mort et le Docteur, l'actionnaire pourra trouver le moyen d'assurer à ses héritiers une part raisonnable des frais de sa dernière maladie et de son enterrement. En

(1) Le parfum du gain. — Éd.

un mot, les sociétés en commandite sont à la mode en ce siècle, et je crois qu'un acte d'incorporation sera particulièrement utile pour ramener le corps que j'ai l'honneur de présider à cet esprit de subordination qui est si nécessaire pour assurer le succès de toute entreprise où l'on réclame la réunion de la science, du talent et du travail. C'est à regret que je déclare qu'indépendamment de quelques différends qui ont éclaté entre vous, moi-même, depuis quelque temps, je n'ai pas été traité parmi vous avec cette déférence que les circonstances me donnaient droit d'attendre.

— *Hinc illæ lacrimæ!* dit à demi-voix M. Oldbuck.

— Mais, continua le président, je vois que plusieurs membres sont impatiens d'exprimer leur opinion, et je désire ne fermer la bouche à personne. Je prie donc, la place que j'occupe sur ce fauteuil ne me permettant pas de faire une motion; je prie, dis-je, quelque honorable membre de demander qu'il soit nommé un comité pour réviser le projet de bill déposé sur le bureau, lequel a été régulièrement communiqué à tous ceux qui y ont intérêt, enfin qu'on prenne les mesures nécessaires pour le soumettre au parlement au commencement de la session prochaine.

Un murmure sourd s'éleva dans l'assemblée; et enfin M. Oldbuck se leva de nouveau.

— Il paraît, monsieur, dit-il en s'adressant au président, qu'aucun des honorables membres présens n'est disposé à faire la motion dont vous parlez. Je regrette que, parmi tant de personnes douées de plus de talens que je n'en possède, aucune ne se présente pour faire valoir les raisons contraires, et que ce soit moi qui me trouve obligé, comme nous le disons en Écosse, d'atta-

INTRODUCTION.

cher le grelot au cou du chat, relativement à laquelle phrase Pitscottie rapporte une excellente plaisanterie du grand comte d'Angus (1).

Ici quelqu'un dit bas à l'orateur : Ne parlez pas de Pitscottie. Et M. Oldbuck, profitant de l'avis, continua ainsi qu'il suit :

— Mais ce n'est pas ce dont il s'agit. Messieurs, pour abréger je n'entrerai pas dans la discussion de la thèse qui vient d'être soutenue *ex cathedrâ*, comme je puis le dire ; et je n'accuserai pas notre digne président d'avoir voulu essayer, *per ambages* et sous prétexte d'un acte du parlement, d'obtenir sur nous une autorité despotique, incompatible avec notre liberté ; mais je dirai que les temps sont bien changés dans le parlement. L'année dernière, vous en auriez obtenu sans peine un acte d'incorporation pour une société en commandite qui aurait voulu cribler des cendres ; cette année-ci vous n'en obtiendriez pas un pour ramasser des perles. Ainsi donc à quoi bon faire perdre le temps de cette assemblée pour discuter la question de savoir si nous devons ou non nous présenter à une porte que nous savons être fermée et verrouillée, non-seulement pour nous, mais pour toutes les compagnies formées pour l'air et pour le feu, pour la terre et pour l'eau, et que nous avons vues toutes échouer depuis peu ?

Ici il s'éleva une clameur générale qui semblait être d'approbation, et l'on pouvait distinguer les mots sui-

(1) Allusion à un passage de la Chronique de Pitscottie. Lorsqu'il fut question de punir l'insolence du ministre de Jacques IV, les nobles écossais hésitaient ; le comte d'Angus s'écria : *I'll bell the cat* ; c'est moi qui attacherai le grelot au chat. Ce qui lui valut le surnom de *Bell the cat*. Voyez une note de *Marmion*. — Éd.

vans — Inutile d'y penser! — De l'argent perdu! — Ne passera jamais à un comité de la chambre! Mais pardessus ce tumulte on entendait deux individus placés dans deux coins différens de l'appartement, dont les voix claires et fortes se répondaient l'une à l'autre, comme les coups que frappent les deux figures de l'horloge de Saint-Dunstan (1); et, quoique le président, d'un air fort agité, tâchât de leur imposer silence, il ne faisait que couper leurs paroles en syllabes chaque fois qu'il les interrompait; ce qui avait lieu de la manière suivante.

Première voix. — Le lord chan.....

Seconde voix. — Lord Lau.....

Le président (*très-haut*). — *Scandalum magnum!*

Première voix. — Le lord chance.....

Seconde voix. — Lord Lauder.....

Le président (*encore plus haut*). — Violation de privilèges!

Première voix. — Le lord chancelier.....

Seconde voix. — Lord Lauderdale.....

Le président (*criant de toutes ses forces*). — A la barre de la chambre!

Les deux voix ensemble. — Ne consentira jamais un tel bill!

Un assentiment général parut suivre cette déclaration, et il fut exprimé avec autant d'emphase que pouvaient lui en prêter les voix de toute l'assemblée et celles des deux interlocuteurs.

Plusieurs personnes semblant regarder la besogne de ce jour comme terminée, commençaient à prendre leurs

---

(1) Horloge d'Édimbourg —Éd.

cannes et leurs chapeaux pour se retirer, quand le président, qui s'était enfoncé dans son fauteuil avec un air de déplaisir et de mortification, se releva tout à coup et demanda un moment d'attention. Tous s'arrêtèrent, quelques-uns en levant les épaules, comme s'ils se fussent sentis dominés par l'influence de ce qu'on appelle un être insupportable ; mais la teneur de son discours excita bientôt une attention sérieuse.

— Je m'aperçois, messieurs, dit-il, que vous ressemblez aux jeunes oiseaux impatiens de quitter le nid de leur mère. Veillez à ce que les plumes de vos ailes soient assez fortes pour vous soutenir ; quant à moi, je suis las de porter sur les miennes une troupe d'oisillons ingrats. Mais les paroles sont inutiles. Je n'emploierai plus de ministres aussi faibles que vous ; je vous congédierai ; je vous priverai de l'existence que je vous ai donnée ; je vous abandonnerai, vous et l'assortiment usé de votre métier ; vos cavernes et vos châteaux ; vos antiques à la moderne et vos modernes à l'antique ; votre confusion des temps, des mœurs et des circonstances ; votre fond et vos accessoires, comme les comédiens appellent leurs décorations et leurs costumes ; je laisserai tous vos expédiens rebattus aux fous qui veulent encore en faire usage. J'édifierai ma renommée de ma propre main, sans appeler à mon aide des boiteux tels que vous, dont je me suis servi

Pour mon amusement plutôt que par besoin.

J'en appuierai les fondations sur un terrain plus solide que vos sables mouvans ; j'élèverai cet édifice avec des matériaux plus durables que des morceaux de carton peint : en un mot, j'écrirai l'HISTOIRE.

Il y eut un tumulte de surprise au milieu duquel notre correspondant distingua les expressions suivantes : — Du diable si vous le faites ! Vous, mon cher monsieur ; vous ! Le brave homme oublie qu'il est le plus grand menteur qui ait existé depuis le temps de sir John Mandeville (1).

—Il n'en serait pas plus mauvais historien pour cela, dit Oldbuck ; l'histoire, comme vous le savez, est à moitié fiction.

— Je garantirai cette moitié, reprit le premier interlocuteur ; mais quant à la petite portion de vérité qui est indispensable, après tout, Dieu nous protège ! Geoffroi de Monmouth (2) serait un lord Clarendon (3) auprès de lui.

Le tumulte commençant à s'apaiser, on vit plus d'un membre de l'assemblée se toucher le front d'un air expressif, tandis que le capitaine Clutterbuck fredonnait :

> Écoutez vos amis, papa ;
> Ne soyez pas si téméraire ;
> Sans quoi le monde pensera
> Que votre sagesse est légère

— Le monde et vous, messieurs, vous pouvez penser tout ce qu'il vous plaira, dit le président en élevant la voix; mais j'ai dessein d'écrire le livre le plus merveilleux que le monde ait jamais lu. Un livre dont tous les incidens seront incroyables, et cependant strictement vrais. Un livre qui rappellera le souvenir de faits dont les

(1) Le fameux voyageur. — Éd.
(2) Vieux chroniqueur. — Éd.
(3) Auteur de l'*Histoire de la Rébellion.* — Éd.

oreilles de la génération actuelle ont été étourdies, et que nos enfans liront avec une admiration approchant de l'incrédulité. Et ce sera LA VIE DE NAPOLEON BUONA-PARTE PAR L'AUTEUR DE WAVERLEY (1).

A une telle annonce, chacun tressaillit, chacun se récria. M. Oldbuck, au milieu de ce nouveau tumulte, laissa tomber sa tabatière ; et le tabac d'Écosse qui s'en répandit eut une telle influence sur les organes olfactifs de notre correspondant, caché sous le bureau du secrétaire, que l'effet qui en résulta le fit découvrir, et il fut éconduit d'une manière peu libérale et peu honnête, comme nous l'avons déjà dit, avec cent menaces d'un traitement encore plus sévère contre son nez, ses oreilles, et autres parties de son corps, principalement de la part du capitaine Clutterbuck. Sans se laisser intimider par ces menaces, qu'à la vérité les gens de sa profession sont habitués à braver, notre jeune homme rôda encore quelque temps près de la porte de la taverne ; mais tout ce qu'il put nous apprendre de plus, ce fut qu'environ un quart d'heure après son expulsion, l'assemblée s'était séparée *dans le désordre le plus admirable*.

(1) Cet ouvrage, publié en juillet 1827, a été en France l'objet des critiques les plus amères que puisse dicter l'esprit de parti, ou un *soi-disant* esprit national. — Nous nous contenterons ici de prier les lecteurs de remarquer que déjà en 1825, sir Walter Scott s'occupait de la *Vie de Napoléon*. Nous entrerons dans plus de détails, lorsque nous parlerons de cet ouvrage dans la *Notice*. — ÉD.

LES FIANCÉES,

OU

LE CONNÉTABLE DE CHESTER.

PREMIÈRE HISTOIRE.

(The Betrothed, Tale I.)

HISTOIRES
DU TEMPS
DES CROISADES.

LES FIANCÉES,

ou

LE CONNÉTABLE DE CHESTER.

(The Betrothed).

CHAPITRE PREMIER

> « Or, il y avait alors des guerres sanglantes
> sur les frontières du pays de Galles. »
> LEWIS.

Les chroniques d'où nous tirons cette histoire assurent que de tout le long espace de temps pendant lequel les princes gallois conservèrent leur indépendance, l'année 1187 fut particulièrement favorable au maintien de la paix entre eux et leurs belliqueux voisins, les lords Marchers (1) qui habitaient ces châteaux formidables situés sur les frontières des anciens Bretons, et dont les voyageurs contemplent encore les ruines avec admiration.

Ce fut à cette époque que Baldwin (Baudoin), archevêque de Cantorbery, accompagné du savant Gérald de Barri, depuis évêque de Saint-David, prêcha la croisade de château en château, de ville en ville, et fit retentir de l'appel aux armes, pour la délivrance du saint sépulcre, les vallées les plus retirées de la Cambrie (2), son pays natal. Il conjurait les chrétiens d'assoupir leurs querelles et de ne plus se faire la guerre entre eux, mais il offrait en même temps à l'esprit belliqueux de son siècle un but général d'ambition et un théâtre de prouesses où la faveur du ciel et une gloire terrestre devaient être la récompense des champions victorieux.

Cet appel était fait pour remuer tous les esprits; et cependant, parmi les milliers de guerriers qu'il engageait à quitter leur pays pour se livrer aux hasards d'une expédition lointaine et dangereuse, les Chefs bretons avaient peut-être la meilleure excuse pour se dispenser d'y répondre. Les chevaliers anglo-normands, plus habiles dans la science des armes, faisaient de constantes irruptions sur les frontières du pays de Galles, et en démembraient souvent des portions considérables, sur lesquelles ils construisaient des châteaux-forts pour s'assurer la possession du territoire conquis. Les Bre-

(1) Lords des Marches ou frontières. — ÉD
(2) Pays de Galles. — ÉD

tons se vengeaient, à la vérité, par des excursions terribles sur les terres de leurs ennemis, mais qui ne suffisaient pas encore à les indemniser des pertes qu'ils avaient essuyées. Semblables aux flots de la haute mer, ils s'avançaient avec bruit et fureur, et portaient partout la dévastation; mais, en se retirant, ils cédaient insensiblement le terrain à leurs adversaires.

La franche union des princes du pays aurait opposé une forte barrière aux usurpations des étrangers; mais, occupés autant de leurs discordes intestines que de leur animosité contre les Normands, ils étaient sans cesse en guerre les uns contre les autres, et l'ennemi commun en retirait tout l'avantage.

La croisade promettait quelque chose de nouveau du moins à une nation dont une bouillante ardeur était le trait caractéristique. Un grand nombre de Chefs acceptèrent l'invitation, sans songer aux suites qui devaient en résulter pour un pays qu'ils laissaient sans défense. Même les ennemis les plus invétérés des Saxons et des Normands oublièrent leur inimitié contre les usurpateurs d'une partie de leurs domaines pour s'enrôler sous les bannières de la croix.

De ce nombre était Gwenwyn, ou, pour mieux dire, Gwenwynwen, quoique nous nous proposions de préférer l'abréviation de son nom. Il continuait à exercer un droit de souveraineté précaire sur les parties du Powys-Land non conquises encore par les Mortimer, les Guarine, les Latimer, les Fitz-Alan, et autres nobles normands. Sous divers prétextes, et souvent même sans en chercher d'autres que la franche déclaration de leur force supérieure, ces divers Chefs s'étaient approprié des portions considérables de cette principauté, jadis étendue et indépendante, qui, lorsque le pays de Galles fut malheureusement divisé entre les trois fils de Roderick Mawr, après le décès de leur père, était tombé en partage au plus jeune, nommé Merwyn. Le courage indomptable et la fière opiniâtreté de Gwenwyn, descendant de ce prince, l'avaient depuis longtemps rendu cher à ce qu'on appelait alors les géans ou les champions du pays de Galles; et, grace au nombre des soldats qui, attirés par sa renommée, venaient servir sous ses drapeaux, plutôt que par la force naturelle d'une principauté démembrée, il fut en état plus d'une fois de se venger des usurpations des Anglais, en faisant des incursions désastreuses sur leurs propres terres.

Cependant Gwenwyn lui-même, en cette occasion, parut oublier la haine qu'il avait jurée à ses dangereux voisins. La Torche de Pengwern, car on le nommait ainsi, parce qu'il avait souvent porté le fer et le feu dans la province de Shrewsbury, paraissait alors brûler aussi paisiblement qu'un flambeau allumé dans le boudoir d'une dame; et le Loup de Plinlimmon, autre surnom que lui avaient donné les bardes, sommeillait aussi paisiblement que le chien du berger devant le foyer de son maître.

Ce n'était pas seulement l'éloquence de Baudouin et de Gérald qui avait inspiré des idées de paix à un esprit si fier et si impatient du repos. Il est vrai que leurs exhortations y avaient contribué plus que les vassaux de Gwenwyn ne l'avaient cru possible. L'archevêque avait déterminé le Chef breton à rompre le pain et à prendre le divertissement de la chasse avec le plus proche et jusqu'alors le plus déterminé de ses ennemis, le vieux Chef normand sir Raymond Bérenger, qui, quelquefois vainqueur, quelquefois vaincu, mais jamais subjugué, en dépit des attaques multipliées de Gwenwyn, s'était maintenu dans son château de Garde-Douloureuse, sur les frontières du pays de Galles, place que la nature et l'art avaient également fortifiée. Le prince gallois avait trouvé impossible de s'en emparer, soit par force, soit par stratagème, et elle l'empêchait de porter plus loin ses incursions, parce qu'il aurait craint de laisser sur ses derrières une garnison qui aurait pu lui couper la retraite.

C'était pour ce motif que Gwenwyn de Powys-Land avait cent fois juré de donner la mort à Raymond Bérenger, et de démolir son château; mais la politique et la prudence du vieux guerrier, l'expérience qu'il avait acquise dans l'art de la guerre, et les secours qu'il recevait de ses compatriotes plus forts que lui, l'avaient mis en état de braver tous les efforts et la fureur de son voisin. S'il existait donc un homme dans toute l'Angleterre que Gwenwyn détestât plus qu'un autre, c'était Raymond Bérenger; et cependant le bon archevêque Baudouin vint à bout de déterminer le prince gallois à voir son ancien ennemi comme allié et comme ami pour la cause de la croix. Gwenwyn invita même le vieux chevalier à se rendre dans son palais du pays de Galles, lui donna l'hospitalité pendant huit jours de l'automne, le traita de la manière la plus honorable, le fit asseoir à des banquets somptueux, et lui procura les plaisirs de la chasse.

Pour reconnaître cet accueil hospitalier, Raymond invita à son tour le prince de Powys avec une suite choisie, mais dont le nombre fut fixé, à venir passer les fêtes de Noël à Garde-Douloureuse, que quelques

3.

antiquaires ont cherché à identifier avec le château de Colune, sur la rivière du même nom. Mais le laps de temps et quelques difficultés géographiques jettent du doute sur cette conjecture ingénieuse.

Tandis que le Gallois passait le pont-levis, son fidèle barde remarqua qu'il tremblait d'une émotion involontaire ; et Cadwallon avait trop d'expérience et connaissait trop bien le caractère de son maître pour ne pas se douter qu'il était violemment tenté de profiter d'une occasion qui paraissait propice pour s'emparer, même en violant la bonne foi, d'une forteresse qui avait été si long-temps le but de ses desseins ambitieux.

Craignant que la lutte qui avait lieu entre la conscience de son maître et sa cupidité ne se terminât d'une manière funeste à sa gloire, le barde fixa l'attention de Gwenwyn en lui disant à demi-voix dans leur dialecte particulier : — Les dents qui mordent le mieux sont celles qu'on ne voit pas. — Et le prince, jetant les yeux autour de lui, s'aperçut que, quoiqu'il n'y eût dans la cour que des écuyers et des pages sans armes, les tours et les murailles étaient garnies d'archers et d'hommes d'armes.

Il entra dans la salle du parquet, et il vit pour la première fois Eveline Bérenger, fille unique du châtelain normand, héritière de ses domaines et de sa fortune supposée, n'ayant que seize ans, et la plus belle personne des frontières du pays de Galles. Bien des lances avaient déjà été rompues en l'honneur de ses charmes, et le vaillant Hugues de Lacy, connétable de Chester, un des plus redoutables guerriers de ce temps, avait mis aux pieds d'Eveline le prix que ses prouesses avaient remporté dans un grand tournoi près de cette antique cité. Gwenwyn regardait ces triomphes comme autant de nouvelles recommandations en faveur d'Eveline. Sa beauté frappait tous les yeux : elle était héritière de la forteresse qu'il convoitait si ardemment, et il commença à penser qu'il pourrait s'en assurer la possession par des moyens plus doux que ceux qu'il avait jusque-là préférés.

D'une autre part, la haine que les Bretons nourrissaient contre les Saxons et les Normands qui avaient envahi leur pays, ses longues querelles mal assoupies avec ce même Raymond, un souvenir vague que les alliances entre les Gallois et les Anglais avaient rarement eu des suites heureuses, sa persuasion que son projet déplairait à ses vassaux et paraîtrait un abandon du système d'après lequel il avait agi jusqu'alors, l'empêchèrent de faire connaître ses désirs à Raymond ou à sa fille. L'idée d'essuyer un refus ne se présenta pas un instant à son esprit. Il était convaincu qu'il n'avait qu'à parler ; la fille d'un châtelain normand dont le rang et le pouvoir n'étaient pas du premier ordre parmi les nobles des frontières, serait ravie et s'estimerait comme très-honorée d'une proposition de mariage qui lui serait faite par le souverain de cent montagnes.

A la vérité, il y avait une autre objection qui, dans des temps plus rapprochés du nôtre, aurait été d'un poids considérable. Gwenwyn était déjà marié. Mais les souverains se marient pour obtenir une postérité ; Gwenwyn se comptait au nombre des souverains ; Brengwain ne lui avait pas donné d'enfans ; et il n'était pas à présumer que le pape pousserait les scrupules jusqu'à refuser le divorce à un prince qui avait pris la croix avec tant de zèle, quoique, dans le fait, ses pensées se dirigeassent vers Garde-Douloureuse plutôt que vers Jérusalem. Et puis, si Raymond était assez scrupuleux pour ne pas trouver bon qu'Eveline occupât pour quelque temps le rang de concubine, ce que les coutumes du pays de Galles permettaient à Gwenwyn d'offrir comme un arrangement provisoire, il n'avait qu'à attendre quelques mois, pendant que l'évêque de Saint-David ou quelque autre intercesseur solliciterait de la cour de Rome son divorce.

Tout en s'occupant de pareilles idées, Gwenwyn resta au château de Raymond Bérenger depuis le jour de Noël jusqu'à celui des Rois. Il endura la présence des nobles normands qui venaient prendre place à la table de leur compatriote, et qui, s'imaginant que leur rang de chevalier les rendait égaux aux plus puissans souverains, faisaient fort peu de cas de la longue suite d'ancêtres du prince gallois. Celui-ci, de son côté, ne les regardait guère que comme une sorte de brigands privilégiés, et c'était avec la plus grande difficulté qu'il pouvait maîtriser la haine qu'il leur portait, et qui était près d'éclater quand il les voyait se livrer à ces exercices de chevalerie dont l'habitude les rendait si formidables à son pays. Enfin les fêtes se terminèrent, et tous les hôtes de Bérenger partirent de son château, qui reprit l'aspect d'une forteresse solitaire et bien défendue.

Cependant, en chassant sur ses montagnes et dans ses vallées, le prince de Powys-Land éprouva que ni tout le gibier qu'il y trouvait, ni le plaisir d'être délivré de la présence des chevaliers normands, qui affectaient de le traiter en égal, ne pouvaient le dédommager de ne plus voir la charmante Eveline suivre la chasse, montée sur son palefroi blanc. En un mot, il n'hésita plus, et il prit pour confident son chapelain, homme prudent et habile. La vanité du chapelain fut flattée de la confiance de son maître, dont les projets lui parurent d'ailleurs pouvoir être de quelque avantage tant pour lui-même que pour son ordre. Il dirigea toutes les mesures à prendre pour obtenir le divorce de Gwenwyn; tout annonça qu'il ne tarderait pas à être prononcé, et l'infortunée Brengwain fut placée dans un cloître. Peut-être s'y trouva-t-elle plus heureuse que dans la triste retraite où elle avait vécu misérablement depuis que Gwenwyn, n'espérant plus avoir de postérité par elle, la négligeait complètement.

Le père Hugo travailla aussi à gagner les Chefs les plus puissans parmi les Gallois, en leur faisant sentir tous les avantages qu'ils retireraient de la possession de Garde-Douloureuse, qui, depuis plus d'un siècle, couvrait et protégeait une étendue considérable de pays, rendait leurs incursions difficiles et leurs retraites dangereuses, en un mot les empêchait d'avancer jusqu'aux portes de Shrewsbury. Et, quant à l'union du prince avec une Normande, le bon père leur donna à entendre que sa chaîne n'en serait pas mieux rivée que celle qui l'avait attaché à Brengwain, et serait aussi facile à rompre.

Ces argumens, joints à d'autres adaptés aux vues et aux désirs de chaque individu, réussirent si bien, qu'au bout de quelques semaines le chapelain fut en état d'annoncer à son maître que le mariage projeté n'éprouverait aucune opposition de la part des plus nobles et des plus puissans de ses Chefs. Un bracelet d'or, pesant six onces, récompensa sur-le-champ l'heureuse adresse dont le prêtre avait fait preuve dans cette négociation ; et Gwenwyn le chargea de tracer ses propositions sur le papier, ne doutant pas qu'elles ne jetassent dans une extase de joie le château de Garde-Douloureuse, en dépit de tout ce que son nom avait de mélancolique. Ce fut avec quelque difficulté que le bon chapelain obtint du prince gallois qu'il ne serait pas question de son projet de concubinage provisoire, car il jugea sagement qu'Eveline et son père le regarderaient comme un affront. Il présenta l'affaire du divorce comme presque entièrement terminée, et finit sa lettre par quelques réflexions morales parmi lesquelles il glissa une allusion à Vasti, Esther et Assuérus.

Ayant expédié cette lettre par un messager prompt et fidèle, le prince breton se disposa à célébrer solennellement les fêtes de Pâques, qui étaient arrivées pendant le cours de toutes ces négociations.

Pour se concilier l'esprit de ses sujets et de ses vassaux, Gwenwyn en invita un grand nombre à un festin magnifique à Castell-Coch, c'est-à-dire le Château-Rouge, comme on l'appelait alors, mieux connu ensuite sous le nom de château de Powys, et qui fut, dans un temps moins éloigné de nous, la résidence du duc de Beaufort. La belle architecture de cette noble demeure datait d'une époque beaucoup plus moderne que le siècle de Gwenwyn, dont le palais, au temps où nous parlons, était un bâtiment long, peu élevé, et construit en pierres rouges, ce qui lui avait fait donner le nom qu'il portait alors. Sa situation commandait à tous les environs; un fossé et une palissade en étaient les plus importantes défenses.

CHAPITRE II.

« Madoc a donné l'ordre, et le son des clairons.
» Appelle les guerriers du fond de leurs vallons.
» Ils descendent de leurs montagnes
» Comme un torrent fougueux inonde les campagnes
» Mais lorsque, faible enfant de la nécessité,
» La paix vient enchaîner leur intrepidité,
» Cédant à sa triste influence,
» Les bois et les vallons rentrent dans le silence »

Poeme gallois.

Les fêtes des anciens princes bretons se faisaient remarquer ordinairement par la splendeur grossière et la franchise de l'hospitalité des montagnes. Mais, en cette occasion, Gwenwyn voulut acheter de la popularité par des profusions extraordinaires; car il sentait que l'alliance qu'il méditait pouvait être tolérée, mais jamais approuvée par ses sujets et ses alliés.

Un incident, qui en lui-même était insignifiant, confirma ses appréhensions. Il passait un soir, qu'il était presque nuit, près de la fenêtre ouverte d'un corps-de-garde où se trouvaient plusieurs de ses meilleurs soldats, chargés de veiller tour à tour aux portes de son palais ; il entendit l'un d'eux, Morgan, connu par sa force, son courage et sa férocité, dire à son compagnon qui était assis avec lui près du feu : — Gwenwyn est changé en prêtre ou en femme ! Quand a-t-on jamais vu, si ce n'est depuis quelques mois, ses soldats obligés de ronger, comme aujourd'hui, la chair si près de l'os ? — Un peu de patience, lui répondit son camarade ; quand il aura épousé la Normande, nous aurons si peu de butin à faire sur ces coquins de Saxons, que nous serons trop heureux d'avaler les os mêmes, comme des chiens affamés.

Gwenwyn n'entendit que ce peu de mots de leur conversation, mais c'en était assez pour alarmer son orgueil comme soldat, et exciter son mécontentement comme prince. Il savait que les gens qu'il gouvernait étaient d'un caractère inconstant, qu'un long repos leur était insupportable, qu'ils étaient animés d'une haine violente contre leurs voisins, et il craignait presque les conséquences de l'inaction à laquelle une longue trêve pouvait les réduire. Quoi qu'il en fût, le risque en était encouru, et se surpasser lui-même en splendeur et en générosité lui parut le meilleur moyen de raffermir l'affection chancelante de ses sujets.

Un Normand aurait méprisé la magnificence barbare d'un festin composé de bœufs et de moutons rôtis tout entiers et de viandes de chèvres et de daims cuites avec la peau de ces animaux ; car les Normands, dans leur nourriture, recherchaient la qualité plutôt que la quantité ; la délicatesse des mets leur plaisait plus que la profusion, et ils tournaient en ridicule le goût plus grossier des Bretons, quoique ceux-ci montrassent dans leurs banquets encore plus de modération que les Saxons. Le déluge de crw et d'hydromel qui inondait les convives n'aurait pu dédommager les Normands de l'absence d'un breuvage plus précieux et plus recherché, et qu'ils avaient appris à aimer sous un climat plus méridional. Le lait préparé de diverses manières, et qui faisait aussi partie du festin, ne leur aurait pas convenu davantage, quoique, dans les occasions ordinaires, il suppléât à toute autre nourriture parmi les anciens Bretons, dont le pays était riche en pâturages et en bestiaux, mais très-pauvre en produits agricoles.

Le banquet fut servi dans une grande salle fort longue et fort peu exhaussée, construite en bois équarri revêtu de lattes. Un grand feu était allumé à chaque extrémité, et la fumée, qui s'échappait avec peine par les crevasses du toit, roulait en nuages sur la tête des convives, qui, pour en moins souffrir, étaient assis sur des sièges très-bas. Leur extérieur avait quelque chose de sauvage, et inspirait presque la terreur, même dans les heures consacrées au plaisir. Le prince avait une taille gigantesque et un regard digne du chef d'un peuple indiscipliné qui ne se plaisait que sur le champ de bataille ; les longues moustaches qu'il portait, ainsi que la plupart de ses champions, ajoutaient à la formidable dignité de sa physionomie.

De même que presque tous les convives, Gwenwyn

avait une simple tunique de toile blanche, reste du costume que les Romains avaient introduit dans les provinces de la Grande-Bretagne, et il était distingué des autres par l'*eudorchawg*, ou chaîne d'anneaux entrelacés, dont les tribus celtiques décoraient toujours leurs Chefs. Le collier était porté par ceux d'un rang inférieur ; chez les uns c'était l'attribut de leur naissance, chez les autres le prix de leurs exploits ; mais un bandeau ceignait la tête de Gwenwyn, car il était un des trois princes qui prétendaient au droit de porter le diadème ; et des ornemens de même métal, autour de ses bras et au-dessus de la cheville du pied, annonçaient en lui un souverain indépendant.

Deux écuyers, qui mettaient toute leur attention à le servir, étaient derrière lui, et à ses pieds, sur des roseaux en nattes, était assis un *foot-bearer* (1), page dont l'unique fonction était de réchauffer les pieds de son maître dans son sein ou sur ses genoux. Le même droit de souveraineté qui permettait à Gwenwyn de porter un diadème lui donnait encore ce privilège.

Malgré le caractère belliqueux des convives, malgré le danger de voir se réveiller les querelles qui divisaient plusieurs d'entre eux, un très-petit nombre ne portaient d'autre armure défensive que le léger bouclier de peau de chèvre qui était suspendu derrière le siège de chacun d'eux. Mais tous étaient bien pourvus d'armes offensives, car l'épée et le sabre à deux tranchans étaient un autre legs que leur avaient fait les Romains Plusieurs y joignaient un couteau ou un poignard d'un bois très-dur, et l'on voyait briller une immense quan

---

(1) Un porte-pieds. — T<small>R</small>.

tité de dards ou de javelines, de piques ou de hallebardes, d'arcs et de flèches, de haches de Danemarck, de crochets de fer et de haches à pointes recourbées du pays de Galles.

Quoiqu'il ne régnât pas beaucoup d'ordre dans ce banquet, et que les convives ne fussent pas retenus par les strictes règles du savoir-vivre qu'imposaient les lois de la chevalerie, la salle du festin de Gwenwyn, grace à douze bardes distingués, promettait des plaisirs dont les plus fiers Normands n'auraient pu jouir aussi pleinement. Il est vrai que ceux-ci avaient leurs ménestrels, hommes versés dans la profession de la poésie, du chant et de la musique; mais, quoique ces arts fussent très-honorés, et que ceux qui les exerçaient obtinssent souvent de riches récompenses, quand ils étaient doués de talens supérieurs, les ménestrels en général n'étaient que peu estimés, parce que la plupart étaient des vagabonds dissolus, qui n'avaient pris cette profession que par fainéantise, et pour se procurer les moyens de mener une vie errante et dissipée.

Telle a été dans tous les temps la censure à laquelle ont été exposés les hommes qui se consacrent aux amusemens du public. Ceux d'entre eux qui se distinguent par des talens supérieurs sont quelquefois élevés très-haut dans la société, tandis que le plus grand nombre végète dans les derniers rangs. Mais il n'en était pas ainsi des bardes du pays de Galles, qui, ayant succédé en dignité aux druides, sous lesquels ils avaient originairement formé une confrérie subalterne, jouissaient de beaucoup de privilèges, obtenaient autant de respect que d'estime, et exerçaient une grande influence sur l'esprit de leurs concitoyens. Leur ascendant égalait presque celui des prêtres, et ils avaient même quelque ressemblance avec eux ; car ils ne portaient jamais les armes, ils étaient initiés dans leur ordre avec des cérémonies secrètes et mystiques, et l'on rendait hommage à leur *awen*, c'est-à-dire à leurs inspirations poétiques, comme si elles avaient un caractère divin. Aussi les bardes, revêtus de tant d'importance et d'autorité, étaient assez enclins à se prévaloir de leurs privilèges, et se permettaient même certains caprices.

Telle était peut-être en ce moment l'humeur de Cadwallon, qui, comme chef des bardes de Gwenwyn, devait faire résonner de ses chants la salle de banquet du prince. Tous les convives s'y attendaient ; mais ni l'impatience des Chefs et des champions assemblés, ni le silence qui remplaça tout à coup le tumulte, quand on plaça sa harpe devant lui avec respect, ni les prières et les ordres du prince même, ne purent tirer de lui autre chose qu'un court prélude, plusieurs fois interrompu, dont les notes semblaient s'arranger d'elles-mêmes pour former un air très-lugubre, et dont les sons parurent s'éteindre peu à peu pour laisser régner de nouveau le silence.

Le prince jeta un regard courroucé sur le barde, qui était trop absorbé dans ses sombres pensées pour lui faire aucune excuse, et même pour remarquer son mécontentement. Il promena encore ses doigts sur les cordes de son instrument d'un air distrait, et parut sur le point de faire entendre des sons pareils à ceux dont ce maître consommé dans son art avait si souvent enchanté ses auditeurs. Mais ce nouvel effort ne lui réussit pas ; il dit que sa main droite était comme paralysée, et il repoussa sa harpe loin de lui.

Un murmure sourd s'éleva dans toute la salle, et Gwenwyn lut dans les regards de ses hôtes qu'ils regardaient le silence de Cadwallon comme de mauvais augure dans cette occasion importante. Il appela à la hâte un jeune barde ambitieux, nommé Caradoc de Menwygent, dont la renommée naissante paraissait devoir bientôt le disputer à l'antique renommée de Cadwallon, et il lui ordonna de chanter quelque chose qui pût mériter les éloges de son souverain et les applaudissemens des convives. Ce jeune ambitieux avait toute l'adresse d'un courtisan : il improvisa un poëme dans lequel, sous un nom emprunté, il traça un portrait d'Eveline Bérenger si poétique et si séduisant, que Gwenwyn en fut ravi ; et, tandis que tous ceux qui avaient vu l'original étaient frappés de la ressemblance, les yeux du prince annonçaient son admiration pour le poète et sa préférence pour la beauté sujet de ses chants. Les figures dont abonde la poésie celtique suffisaient à peine à l'enthousiasme du jeune barde, qui prenait un essor plus élevé à mesure qu'il s'apercevait de l'impression qu'il faisait sur ses auditeurs, et qui mêlait les éloges du prince à ceux de la belle Normande.

— De même qu'un lion ne peut être conduit que par la main d'une jeune et belle vierge, disait-il, ainsi un chef gallois ne peut reconnaître d'autre empire que celui de la femme la plus aimable et la plus vertueuse de son sexe. Qui demande au soleil de midi dans quelle partie du monde il est né ? Qui demandera à des charmes comme les siens dans quel pays ils ont été créés ?

Enthousiastes pour le plaisir comme pour la guerre, et doués d'une imagination vive qui répondait à l'instant même aux appels de leurs poètes, les Chefs bretons firent entendre un concert d'acclamations et d'applaudissemens ; et les chants du barde contribuèrent, plus que les graves argumens du père Hugo, à faire voir de bon œil l'alliance projetée du prince.

Gwenwyn lui-même, dans un transport d'ivresse, s'empressa de détacher les bracelets d'or qu'il portait, les donna au barde dont les chants venaient de produire un effet si désirable, et lui dit, en jetant un regard sur Cadwallon, qui gardait le silence d'un air sombre : — La harpe silencieuse n'a jamais eu de cordes d'or.

— Prince, répondit le barde, dont l'orgueil égalait au moins celui de Gwenwyn lui-même, vous changez le sens du proverbe de Taliessin : — C'est la harpe flatteuse qui ne manque jamais de cordes d'or.

Gwenwyn, se tournant vers lui d'un air sévère, allait lui répondre avec courroux, quand le retour soudain de Jorworth, le messager qu'il avait envoyé à Raymond Bérenger, détourna son attention. Cet envoyé montagnard avait les jambes nues et les pieds garnis de sandales de peau de chèvre. Un manteau semblable couvrait ses épaules, et il tenait en main une courte javeline. La poussière dont il était souillé, et la sueur qui tombait de son front, prouvaient le zèle avec lequel il s'était acquitté de sa mission.

— Eh bien ! lui demanda Gwenwyn avec empressement, quelles nouvelles de Garde-Douloureuse, Jorworth ap Jevan ?

— Je les porte dans mon sein, répondit le fils de Jevan ; et il remit au prince, avec beaucoup de respect, un paquet enveloppé de soie, et fermé d'un sceau représentant un cygne, ancienne devise de la maison de Bérenger. Ne sachant ni lire ni écrire, Gwenwyn, avec la hâte de l'impatience, remit la lettre à Cadwallon, qui lui servait ordinairement de secrétaire quand son chapelain était absent, comme cela arrivait en ce moment. Cadwallon, ayant jeté un coup d'œil sur la lettre, dit en peu de mots : — Je ne sais pas lire le latin. Malheur au Normand qui écrit à un prince de Powys en une autre langue que celle des Bretons ; et heureux était le temps où l'on n'en parlait pas d'autre depuis Tintadgel (1) jusqu'à Cairleoil (2).

Gwenwyn ne lui répondit qu'en lui lançant un regard de courroux.

— Où est le père Hugo ? s'écria-t-il avec impatience.

— A l'église, répondit un de ses hommes d'armes ; c'est aujourd'hui la fête de saint.....

— Quand ce serait celle de saint David (3), répliqua Gwenwyn, et quand il tiendrait le ciboire entre ses mains, il faut qu'il vienne ici à l'instant.

Le chef de ses Henchmans (4) sortit aussitôt pour aller le chercher. Pendant ce temps, Gwenwyn regardait la lettre qui contenait le secret de sa destinée, mais qu'il ne pouvait lire sans interprète, d'un air qui annonçait tant d'inquiétude et d'impatience, que Caradoc, glorieux du succès qu'il avait déjà obtenu, fit entendre

(1) Bourg du comté de Cornouailles. — Éd.

(2) Appelé aussi *Carleon* ; ville située dans le comté de Monmouth, sur la rivière d'Usk, à cent cinquante-cinq milles de Londres. Son nom signifie la forteresse d'Heon, ancien roi breton. Carleon jouissait jadis d'une grande importance, et était le siège métropolitain du camp de Galles, avant que l'évêque saint David le transférât à *Menavia* ou *Saint-David*. — Éd.

(3) Patron du pays de Galles. — Éd.

(4) Gardes-du-corps. — Éd.

encore quelques notes pour tâcher de distraire les pensées de son maître pendant cet intervalle pénible. Un air vif et léger, touché par une main qui semblait hésiter, comme si la voix soumise d'un inférieur eût craint d'interrompre les méditations du Chef, accompagna une ou deux stances applicables au sujet.

— Qu'importe, ô parchemin que la soie enveloppe, disait-il en apostrophant la lettre placée sur la table devant le prince, — qu'importe que tu parles la langue de l'étranger? Le chant du coucou est il harmonieux? Et pourtant il nous annonce le printemps et les fleurs naissantes. Si ton langage est celui que parle le prêtre portant l'étole, n'est-ce pas le même qui unit les cœurs et les mains au pied de l'autel? si tu tardes à répandre sur nous tes trésors, les plaisirs ne sont-ils pas plus doux quand le prix en est rehaussé par l'attente? Que serait la chasse, si le daim tombait à nos pieds à l'instant où il est débusqué? Quel prix mettrait-on à l'amour de la jeune vierge, si une sage retenue ne lui imposait un délai avant de l'accorder? —

Le chant du barde fut interrompu par l'arrivée du prêtre, qui, empressé d'obéir aux ordres de son maître impatient, n'avait même pas pris le temps d'ôter l'étole qu'il portait en célébrant l'office divin; et un certain nombre de Chefs pensèrent que ce n'était pas un heureux présage qu'un prêtre, en habits sacerdotaux, parût dans une réunion consacrée au plaisir, et où retentissaient des chants profanes.

Le père Hugo ouvrit la lettre du baron normand, et, surpris de ce qu'il y voyait, il leva les yeux en silence.

— Lisez donc! s'écria l'impétueux Gwenwyn.

— Si vous le trouviez bon, répondit le chapelain plus prudent, il serait plus convenable de la lire devant une assemblée moins nombreuse.

— Lisez-la tout haut! répéta le prince d'un ton encore plus décidé; il n'y a personne ici qui ne respecte son prince, et qui ne mérite sa confiance. Lisez tout haut, dis-je; et, par saint David, si Raymond le Normand a osé.....

Il n'acheva pas sa phrase, et s'enfonçant dans son fauteuil, il prit une attitude de profonde attention. Mais il était facile à tous ses convives de remplir la réticence que sa prudence avait laissée dans son exclamation.

Le chapelain lut alors ce qui suit, mais d'une voix basse et mal assurée:

— Raymond Bérenger, noble chevalier normand, sénéchal de Garde-Douloureuse, à Gwenwyn, prince de Powys. Que la paix soit entre eux! Salut et santé.

— Votre lettre, par laquelle vous demandez la main de notre fille Eveline Bérenger, a été fidèlement remise entre nos mains par votre serviteur Jorworth ap Jevan, et nous vous remercions cordialement des bonnes dispositions que vous y témoignez pour nous et pour les nôtres. Mais, prenant en considération la différence de sang et de lignage, ainsi que les causes de querelles qui se sont souvent élevées en cas semblables, nous jugeons plus convenable de donner à notre fille un époux de notre nation. Ce n'est nullement que nous méprisions votre alliance; nous n'avons en vue que votre bien, le nôtre et celui de nos vassaux à tous deux, qui n'en seront que plus à l'abri de toutes nos querelles. C'est pour ces motifs que nous ne tenterons pas de resserrer plus qu'il ne le convient les nœuds de notre intimité. Les moutons et les chèvres paissent tranquillement les mêmes pâturages, mais ils ne mêlent ni leur sang ni leur race. D'ailleurs notre fille Eveline a été recherchée en mariage par un noble et puissant seigneur des frontières, Hugues de Lacy, connétable de Chester, et nous avons déjà fait une réponse favorable à cette honorable demande. Il nous est donc impossible de vous accorder la vôtre. Sur tout autre point, vous nous trouverez toujours disposé à vous être agréable, ce dont nous prenons à témoin Dieu, Notre-Dame et sainte Marie-Magdeleine de Quatford, à la garde de qui nous vous recommandons cordialement.

— Écrit, par notre ordre, en notre château de Garde-Douloureuse, sur les frontières du pays de Galles, par le révérend prêtre Aldrovand, moine noir du monastère de Wenlock; et nous y avons apposé notre sceau la veille de la fête du bienheureux martyr saint Alphège, à qui honneur et gloire. —

La voix commençait à manquer au père Hugo, et le parchemin s'agitait dans sa main, quand il arriva à la fin de cette épître; car il savait parfaitement qu'une insulte bien moins sensible que le mot de cette lettre le moins offensant pour Gwenwyn eût suffi pour faire bouillir dans ses veines jusqu'à la dernière goutte de son sang breton. Ce qu'il prévoyait ne manqua pas d'arriver. Le prince avait par degrés quitté l'attitude tranquille qu'il avait prise pour écouter la lecture de la missive, et dès qu'elle fut terminée, se levant brusquement, semblable à un lion relancé dans sa tanière, il repoussa si rudement son jeune porte-pieds, qu'il le fit rouler à quelque distance sur le plancher.

— Prêtre, s'écria-t-il, as-tu lu fidèlement ce maudit

écrit? Si tu y as ajouté, si tu en as retranché un seul mot, une seule lettre, je traiterai si bien tes yeux, que tu ne liras plus une seule ligne de ta vie!

Le moine savait fort bien que le caractère sacerdotal n'était pas toujours respecté par les irascibles Gallois, et il répondit en tremblant : — Par le serment de mon ordre, puissant prince, je vous en ai fait la lecture mot pour mot, lettre pour lettre.

Il s'ensuivit un moment de silence; car la fureur de Gwenwyn, en recevant un affront auquel il était si loin de s'attendre en présence de tous ses *Uckelwyr*, c'est-à-dire ses nobles Chefs, semblait trop violente pour qu'il pût l'exprimer par des paroles. Tout à coup on entendit sortir quelques sons de la harpe jusqu'alors muette de Cadwallon. Le prince jeta d'abord sur lui un regard de mécontentement; mais, quand il le vit courbé sur sa harpe avec un air d'inspiration, et en tirant avec un art sans égal les sons les plus savans et les plus sublimes, il écouta au lieu de parler, et Cadwallon sembla absorber, au lieu du prince, l'attention de l'assemblée; tous les yeux se fixèrent sur lui, et toutes les oreilles l'écoutèrent, comme si ses chants eussent été des oracles.

— Point d'alliance avec l'étranger! s'écria le barde. Vortigern épousa une étrangère, et ce fut le premier malheur de la Grande-Bretagne; l'épée fut suspendue sur la tête de ses nobles, la foudre gronda sur ses palais. Point d'alliance avec le Saxon servile! le cerf libre et majestueux ne prend pas pour épouse la génisse qui a courbé la tête sous le joug. Point d'alliance avec l'avide Normand! le noble limier ne va pas chercher sa compagne dans une troupe de loups dévorans. Depuis quand a-t-on vu les Cymry, les descendans de Brutus, les vrais enfans du sol breton, dépouillés de leurs droits légitimes, pillés, opprimés, insultés, jusque dans leurs dernières retraites ? N'est-ce pas depuis qu'ils ont tendu la main à l'étranger, et pressé contre leur sein la fille du Saxon ! Lequel des deux craint-on, du ruisseau desséché pendant l'été, ou du torrent débordé pendant l'hiver? une jeune fille sourit en passant l'un à pied sec ; mais un cheval barbe et son cavalier frémissent de crainte quand ils vont traverser le second. Homme de Mathraval et de Powys, que le torrent débordé soit Gwenwyn, fils de Cyverliock; et que la première de ses vagues soit le panache du prince. —

Toutes idées de paix, idées qui en elles-mêmes étaient étrangères aux cœurs des belliqueux Bretons, se dissipèrent devant les chants de Cadwallon, comme la poussière devant un ouragan ; et toute l'assemblée, d'une voix unanime, appela la guerre à grands cris. Le prince ne parla point ; mais, jetant autour de lui un regard de fierté, il étendit les bras, comme s'il eût donné le signal de l'attaque.

Si le père Hugo l'eût osé, il eût rappelé à Gwenwyn que la croix qu'il portait sur l'épaule avait consacré ses bras à une guerre sainte, et lui défendait de combattre des chrétiens. Mais cette tâche était dangereuse, et au-dessus du courage du bon prêtre ; il sortit sans bruit du château pour regagner la solitude de son cloître. Caradoc, dont le court instant de popularité était déjà passé, se retira aussi d'un air confus et humilié, non sans jeter un regard d'indignation sur son rival triomphant, qui avait si judicieusement réservé ses talens pour l'instant où il pourrait les déployer en chantant la guerre, chant qui était celui que son auditoire entendait toujours avec le plus de plaisir.

Les Chefs reprirent leurs places, non plus pour se livrer aux plaisirs du festin, mais pour convenir à la hâte, comme c'était l'usage de ces guerriers, dont tous les mouvemens étaient subits, du point sur lequel ils réuniraient leurs forces, composées en pareilles occasions de tout ce qui était en état de porter les armes; car tous les Gallois étaient soldats, à l'exception des prêtres et des bardes. Ils réglèrent aussi l'ordre de leur marche sur les frontières, où ils se proposaient de prouver, par un ravage général, combien ils ressentaient l'insulte faite à leur prince.

CHAPITRE III.

« Le sable de ma vie est compté grain par grain,
» Et mes jours en ces lieux doivent trouver leur fin »
    Shakspeare. *Henry IV*, acte I, scène IV.

Lorsque Raymond Bérenger eut congédié l'envoyé du prince de Powys, il s'attendit aux suites de son refus, mais sans en éprouver de terreur. Il envoya des messagers à ceux de ses vassaux qui tenaient leurs fiefs sous la servitude de *Cornage*, et les fit avertir d'être aux aguets, afin qu'il pût avoir connaissance sans aucun délai de l'approche des ennemis. Ces vassaux occupaient les nombreuses tours qui, comme autant de nids de faucon, avaient été construites dans les positions les plus avantageuses pour défendre la frontière ; et, en cas de quelque incursion des Gallois, ils étaient obligés d'en donner avis en sonnant du cor: ces sons, répétés de tour en tour et de poste en poste, étaient le signal d'alarme pour la défense générale. Mais quoique Raymond, d'après le caractère inconstant et emporté de ses voisins, jugeât ces précautions indispensables pour soutenir sa réputation militaire, il était loin de croire que le danger fût imminent; car les préparatifs des Gallois, quoique plus considérables que de coutume, avaient été aussi secrets que leur résolution avait été prompte.

Ce fut dès le second matin après la fête mémorable donnée à Castell-Coch, que la tempête éclata sur les frontières des Normands. D'abord un seul son de cor prolongé annonça qu'on voyait l'ennemi s'avancer; et bientôt le signal d'alarme partit de toutes les tours et de tous les châteaux qui bordaient la frontière du Shropshire, où chaque habitation était une forteresse. Des feux furent allumés sur tous les lieux élevés; les cloches sonnèrent dans toutes les églises des villes et des villages, et l'appel général aux armes annonçait un péril plus sérieux qu'aucun de ceux auxquels avait été exposé jusqu'alors un pays si rarement tranquille.

Au milieu de cette alarme générale, Raymond Bérenger, après avoir passé en revue le petit nombre de ses braves soldats et de ses vassaux, et après avoir pris tous les moyens qui étaient en son pouvoir pour connaître les forces et les mouvemens de l'ennemi, monta enfin sur la grande tour du château pour reconnaître lui-même les environs. Des nuages de fumée interceptaient déjà les regards, et annonçaient l'approche et les ravages des Bretons. Il y fut bientôt joint par son écuyer favori, à qui l'œil morne de son maître causa quelque surprise; car il ne l'avait jamais vu plus brillant qu'à l'instant d'une bataille. L'écuyer tenait en main le casque du baron, qui n'avait plus qu'à le placer sur sa tête pour être armé de pied en cap.

— Denis Morolt, dit le vieux chevalier, tous nos vassaux et nos feudataires sont-ils arrivés?

— Tous, noble seigneur, à l'exception des Flamands.

— Les paresseux! Pourquoi tardent-ils ainsi? C'est une mauvaise politique que de permettre à des gens si indolens de s'établir sur les frontières. Ils sont, comme leurs chevaux, plus propres à traîner la charrue qu'à rien faire qui exige du feu et de l'ardeur.

— Et pourtant, avec votre permission, je dirai que quelquefois on peut en tirer de bons services. Ce Wilkin Flammock est en état de frapper comme les marteaux de son moulin à foulon,

— Oui, je le crois, et il se battra quand il ne pourra faire autrement, Morolt; car il n'a aucun goût pour les armes, et il est aussi lent et aussi entêté qu'une mule.

— Et c'est pourquoi on a raison de le placer, lui et ses compatriotes, en face des Gallois. Leur caractère rétif et opiniâtre peut tenir en échec l'humeur versatile et impétueuse de nos dangereux voisins, comme les rochers forcent les vagues de la mer à se briser contre leur base inébranlable. Écoutez! j'entends les pas de Wilkin Flammock, qui monte l'escalier de la tour aussi lentement qu'un moine allant aux matines.

Effectivement, on distinguait le bruit d'une marche pesante, et bientôt on vit paraître le Flamand à la porte qui conduisait sur la plate-forme de la tour. Wilkin Flammock portait une armure brillante, nettoyée avec un soin qui prouvait l'extrême propreté de sa nation, et dont la pesanteur et l'épaisseur étaient peu ordinaires. Mais, contre l'usage des Normands, elle était tout unie, et l'on n'y voyait ni dorures ni aucun ornement. L'armet, ou bassinet, n'avait pas de visière, et laissait apercevoir un large visage dont les traits inflexibles exprimaient une inaltérable impassibilité. Il tenait en main une lourde massue.

— Vous voilà donc, messire Flamand! dit le châtelain. Il me semble que vous ne vous êtes guère pressé pour venir au rendez-vous?

— Sauf votre bon plaisir, répondit le Flamand, nous avons été obligés d'attendre que nous eussions chargé sur nos chariots nos draps et nos autres bagages.

— Sur vos chariots! Et combien en avez-vous donc amené?

— Six, noble seigneur.

— Et combien d'hommes les ont accompagnés?

— Douze, vaillant seigneur.

— Quoi! seulement deux hommes par chariot! A quoi bon vous être encombrés ainsi?

— Sauf votre bon plaisir, encore une fois, noble seigneur, ce n'est que le prix que mes camarades et moi nous attachons à nos marchandises qui nous porte à les défendre de notre corps. Si nous avions été obligés de laisser nos draps à la merci de ces pillards, je n'aurais pas vu grande nécessité à venir ici pour leur fournir l'occasion d'ajouter le meurtre au vol. Je vous réponds que je ne me serais arrêté qu'à Glocester.

Le chevalier regarda l'artisan flamand, car telle était la qualité de Wilkin Flammock, avec un tel mélange de suprise et de mépris, que l'indignation n'y pouvait trouver place.

— Voici, lui dit-il, la première fois que j'entends un être portant de la barbe au menton avouer ouvertement qu'il est un lâche.

— Et ce n'est pas cela que je veux vous faire entendre, répondit Flammock avec le plus grand sang-froid. Je suis toujours disposé à me battre pour défendre ma vie et ma fortune, et puisque je viens ici, où l'une et l'autre sont exposées, c'est une preuve que je ne crains pas. Mais cela n'empêche pas qu'une peau entière ne vaille mieux qu'une peau percée.

— Eh bien! bats-toi à ta manière, pourvu que tu te battes bien avec ces membres épais, mais vigoureux : il paraît qu'aucun de nous ne manquera d'occupation. As-tu vu quelque chose de cette canaille galloise? La bannière de Gwenwyn est-elle déployée?

— Oui, oui, j'ai vu flotter en l'air le dragon blanc, et je ne pouvais manquer de le reconnaître, car il a été brodé dans mon atelier.

Raymond prit un air si sérieux en apprenant cette nouvelle, que Denis Morolt, ne voulant pas que le Flamand s'en aperçût, crut devoir détourner son attention.

— Je puis te promettre, dit-il à Flammock, que lorsque le connétable de Chester nous aura joints avec ses lances, tu verras ton fameux ouvrage, le dragon blanc, s'envoler plus vite que n'a jamais volé ta navette.

— Il faut qu'il s'envole avant que le connétable arrive, Denis Morolt, dit Bérenger, sans quoi il s'envolera en triomphe par-dessus nos cadavres.

— Au nom de Dieu et de la sainte Vierge, s'écria Morolt, que voulez-vous dire, sire chevalier? J'espère que vous n'avez pas dessein de livrer le combat aux Gallois avant l'arrivée du connétable?

Il se tut un instant; mais comprenant fort bien le regard ferme et mélancolique que son maître jeta sur lui pour toute réponse à sa question, il répéta d'un ton plus vif et plus pressant : — Vous ne pouvez avoir un tel dessein ; vous ne pouvez exiger que nous quittions ce château que nous avons si souvent défendu contre eux, pour nous mettre en campagne deux cents contre des milliers. Pensez-y bien, mon cher maître; et qu'une témérité qui ne convient pas à votre âge ne ternisse pas la réputation de prudence et de science militaire que vous avez si noblement acquise.

— Je ne vous reprocherai pas de blâmer mon projet, Denis, répondit le chevalier normand ; car je sais que vous le faites par affection pour moi et pour les miens. Mais il faut que cela soit, il faut que nous combattions les Gallois sous trois heures, ou que le nom de Raymond Bérenger soit rayé de la généalogie de sa maison.

— Et nous les combattrons, mon noble maître, nous les combattrons; ne craignez pas que Denis Morolt vous donne de lâches conseils quand il s'agit de se battre. Mais nous les combattrons sous les murs du château, tandis que l'honnête Wilkin Flammock sera aux créneaux avec ses bons archers pour protéger nos flancs et tâcher de suppléer à la différence du nombre.

— Non, Denis, non ; c'est en rase campagne qu'il faut que nous les combattions, ou ton maître ne doit plus être compté parmi les féaux chevaliers. Apprends que, lorsque j'ai reçu chez moi ce rusé sauvage aux fêtes de Noël, et tandis que le vin circulait sur la table, Gwenwyn fit l'éloge des fortifications de ce château, de manière à me donner à entendre que ce n'était qu'à ces avantages que j'étais redevable de n'avoir pas été défait et captif dans nos anciennes guerres. J'aurais mieux fait de garder le silence ; car pourquoi avoir tenu des discours présomptueux qui me forcent à un acte que je ne puis regarder moi-même que comme une folle témérité ? Cependant je lui répondis : — Si quelque prince du Cymry se présente jamais en ennemi devant Garde-Douloureuse, qu'il plante sa bannière dans la plaine située entre le pont et le château, et je donne ma parole de chevalier, j'engage ma foi comme chrétien, que Raymond Bérenger l'attaquera comme jamais Gallois n'a attaqué, quelle que puisse être la différence du nombre.

Denis resta muet et immobile en apprenant une promesse si téméraire et si fatale ; mais il n'était pas assez casuiste pour dégager son maître des suites de sa confiance imprudente. Il n'en fut pas de même de Wilkin Flammock. Il regarda le chevalier avec surprise ; et, malgré le respect qu'il avait pour lui, peu s'en fallut qu'il ne se mît à rire, quoique ses traits ne fussent guère habitués à cette expression de gaieté.

— Et voilà tout ? dit-il. Si Votre Seigneurie s'était engagée à payer cent florins à un Juif ou à un Lombard, sans contredit vous devriez faire ce paiement le jour convenu, ou perdre votre gage ; mais, à coup sûr, une promesse de se battre peut se tenir un jour aussi bien qu'un autre ; et le meilleur jour pour cela, c'est le jour où celui qui l'a faite se trouve le plus fort. Après tout, que signifie une promesse faite le verre à la main ?

— Elle signifie tout autant qu'une promesse faite en toute autre circonstance, répondit Bérenger. Celui qui a promis n'échappe pas au péché de trahir sa parole, sous prétexte qu'il l'a donnée sous l'influence de l'ivresse et de la présomption.

— Quant au péché, répliqua Denis, si c'en est un de ne pas faire un tel acte de témérité, je suis sûr que l'abbé de Glastonbury vous en absoudrait pour un florin.

— Et qui effacera la honte dont je me serai couvert? demanda Bérenger. Comment oserai-je me montrer devant des chevaliers, si la crainte d'un Gallois et de ses sauvages à demi nus m'empêche de relever mon gage de bataille? Non, Denis Morolt, qu'il n'en soit plus question. Nous les combattrons aujourd'hui dans cette plaine, quel qu'en puisse être le résultat.

— Il peut se faire que Gwenwyn ait oublié cette promesse, dit Flammock, et qu'il ne vienne pas en réclamer l'exécution à l'endroit désigné; car nous avons entendu dire que vos vins de France ont monté furieusement au cerveau du Gallois.

— Il m'en a encore parlé le lendemain du jour où elle a été faite, répondit le châtelain; croyez bien qu'il n'oubliera pas une promesse qui lui donne une chance pour m'écarter à jamais de son chemin.

Comme Bérenger parlait encore, ils remarquèrent que des nuages de poussière qu'on avait vus sur différens points se rapprochaient de l'autre côté de la rivière, vers un ancien pont qui conduisait dans la plaine désignée pour le théâtre du combat. Ils ne se perdirent pas en conjectures. Il était évident que Gwenwyn, rappelant à lui tous les détachemens qui avaient commis des dévastations partielles, réunissait toutes ses forces, dans le dessein de passer le pont.

— Courons leur disputer le passage, s'écria Denis

Morolt. L'avantage que nous aurons en défendant le pont rétablira une sorte d'égalité. Votre parole vous oblige à prendre la plaine pour champ de bataille; mais elle ne vous défend pas de profiter de votre avantage pour disputer le passage du pont. Nos hommes, nos chevaux, tout est prêt; que les archers marchent seulement sur nos flancs, et je réponds du succès sur ma vie.

— Quand je lui ai promis de le rencontrer dans cette plaine, Denis, j'ai voulu dire que je lui donnais l'avantage de l'égalité du terrain. C'est ainsi que je l'entendais, et il l'a entendu de même. A quoi bon tenir ma promesse selon la lettre, si je la viole quant à l'esprit? Nous ne sortirons pas du château avant que le dernier de ces Gallois ait traversé le pont, et alors...

— Nous marcherons à la mort. Que Dieu nous pardonne nos péchés! Mais...

— Mais quoi? Tu voudrais parler, et tu n'oses.

— Ma jeune maîtresse, votre fille, lady Eveline...

— Je l'ai informée de mes intentions. Elle restera dans le château, où je laisserai quelques vétérans d'élite et vous, Denis, pour les commander. Dans vingt-quatre heures il arrivera des secours, et le siège sera levé. Nous avons défendu la place plus long-temps, et avec une plus faible garnison. Alors, Denis, vous la conduirez chez sa tante, l'abbesse des Bénédictines, vous la placerez honorablement et sûrement entre ses mains, et ma sœur veillera à la destinée future de ma fille comme sa sagesse le lui inspirera.

— Moi vous laisser dans une pareille crise! s'écria Denis Morolt en pleurant. Moi m'enfermer dans des murailles, quand mon maître va livrer sa dernière bataille! Moi devenir l'écuyer d'une femme, quoique cette femme soit lady Eveline, quand mon maître sera mort sur son bouclier! Sire Raymond Bérenger, est-ce pour cela que je vous ai si souvent couvert de votre armure?

Les larmes tombaient des yeux du vieux guerrier avec autant d'abondance que celles qu'une jeune fille verse pour son amant. Raymond, lui prenant la main avec bonté, lui dit d'un ton affectueux : — Ne crois pas, mon bon et vieux serviteur, que s'il y avait de l'honneur à gagner je voulusse t'éloigner de ma personne. Mais ce combat est un acte de présomption et de témérité auquel je suis tenu par mon destin ou par ma folie. Je meurs pour sauver mon nom du déshonneur; mais, hélas! il faut que je laisse ma mémoire entachée du reproche d'imprudence.

— Eh bien! qu'il me soit permis de partager votre imprudence, mon cher maître, s'écria vivement Denis Morolt; un pauvre écuyer n'a pas besoin de passer pour être plus prudent que son maître. Ma valeur a été remarquée dans maints combats où j'ai partagé vos périls et votre gloire; ne me refusez pas le droit de partager aussi le blâme que votre témérité peut encourir. Qu'on ne dise pas de vous : — Son entreprise était si téméraire, qu'il ne permit pas même à son vieil écuyer d'y prendre part. Je suis une partie de vous-même; vous vous rendez coupable de meurtre envers tous ceux qui vous suivront, si vous ne me permettez pas de vous accompagner.

— Denis, répondit Bérenger, vous me faites sentir plus amèrement que jamais la folie que j'ai commise. Je vous accorderais la grace que vous me demandez, quelque fatale qu'elle pût être à vous-même; mais ma fille...

— Sire chevalier, dit Flammock, qui avait écouté ce dialogue avec moins d'apathie que de coutume, je n'ai pas dessein de quitter le château aujourd'hui, et si vous voulez vous fier à moi pour faire tout ce que peut un honnête homme pour protéger lady Eveline, je vous promets...

— Comment, drôle! s'écria Raymond; vous n'avez pas dessein de quitter le château! Et qui vous donne le droit d'avoir dessein de faire une chose ou de ne pas la faire, avant que je vous aie fait connaître mon bon plaisir?

— Je serais bien fâché de me trouver en opposition avec vous, sire châtelain, répondit l'imperturbable Flamand, mais je tiens, à titre de redevance féodale, certains moulins à foulon et terres en dépendant, sur les frontières, et je suis obligé d'amener douze hommes, à votre première réquisition, pour la défense du château de Garde-Douloureuse. Me voici prêt à m'acquitter de ce devoir; mais si vous m'ordonnez d'en sortir, de laisser ce château sans défense, et d'aller risquer ma vie dans un combat qui, comme vous le reconnaissez vous-même, n'offre aucune chance de salut, je dois vous dire que la tenure de mon fief ne m'oblige pas à vous obéir.

— Vil artisan! s'écria Morolt en mettant la main sur son poignard et en jetant sur Flammock un regard menaçant.

Mais la voix et la main de son maître le retinrent. — Garde-toi bien de le toucher, Morolt, lui dit-il, et ne le blâme pas. Il a le sentiment du devoir, quoiqu'il n'en soit pas pénétré de la même manière que nous. Ses compagnons et lui combattront mieux derrière des murailles qu'en rase campagne. Ces Flamands d'ailleurs connaissent par expérience, et d'après ce qu'ils ont vu dans leur pays, tout ce qui a rapport à l'attaque et à la défense des villes fortifiées et des citadelles; ils savent mieux que personne manœuvrer les mangonneaux et les autres machines de guerre. J'ai dans le château quelques autres soldats du même pays; mon dessein est de les y laisser, et je crois qu'ils obéiront à Flammock plus volontiers qu'à tout autre que toi. Qu'en penses-tu? Tu ne voudrais pas, par un point d'honneur mal entendu ou par une affection aveugle pour moi, confier à des mains suspectes la garde cette place importante et la sûreté d'Eveline?

— Noble seigneur, s'écria Denis, aussi transporté de joie que s'il eût obtenu quelque avantage important, Wilkin Flammock n'est qu'un serf flamand; mais je dois dire qu'il est aussi ferme et aussi fidèle que qui que ce soit de vos serviteurs, et d'ailleurs il connaît trop bien ses intérêts pour ne pas sentir qu'il y a plus à gagner à défendre un château comme celui-ci, qu'à le rendre à des étrangers qui pourraient offrir de belles conditions de capitulation, mais qui probablement ne les exécuteraient pas.

— Ma résolution est donc prise, dit Raymond Bérenger; tu viendras avec moi, Denis, et il restera au château. Wilkin Flammock, dit-il en s'adressant au Flamand d'un ton solennel, je ne te parlerai pas le langage de la chevalerie, car tu ne le connais pas; mais si tu es un honnête homme, un vrai chrétien, je te conjure de bien défendre ce château. Qu'aucune promesse de l'ennemi ne te fasse accepter une lâche capitulation! qu'aucune menace ne te détermine à te rendre! Des secours arriveront très-promptement ; si tu remplis tes devoirs envers moi et envers ma fille, Hugues de Lacy te récompensera généreusement ; si tu y manques, il te punira sévèrement.

— Sire chevalier, répondit Flammock, je suis charmé de vous voir accorder tant de confiance à un simple artisan. Quant aux Gallois, je suis né dans un pays où nous sommes forcés, et forcés tous les ans, à lutter contre la mer ; et celui qui peut opposer une digue aux flots en courroux ne craint pas la fureur d'une foule indisciplinée. Votre fille me sera aussi chère que la mienne, et vous pouvez partir dans cette confiance, si toutefois vous ne préférez pas, en homme plus sage, fermer la porte, lever le pont-levis, baisser la herse, placer sur les murailles vos archers et les miens, et faire voir à ces drôles que vous n'êtes pas aussi fou qu'ils le pensent.

— Cela ne peut être, mon brave homme, dit le chevalier. J'entends la voix de ma fille, ajouta-t-il précipitamment ; je ne voudrais pas la revoir au moment de m'en séparer peut-être pour toujours. Je te confie à la garde du ciel, honnête Flamand. — Suis-moi, Denis Morolt.

Le vieux châtelain descendit du donjon par l'escalier de la tourelle du sud, tandis qu'Eveline y montait par celui de la tourelle de l'est, pour se jeter encore une fois aux pieds de son père. Elle était accompagnée du père Aldrovand, chapelain de sire Raymond ; d'un vieux piqueur presque invalide, dont les services, plus actifs autrefois sur le champ de bataille et à la chasse, se bornaient alors à la surintendance générale du chenil et aux soins particuliers qu'il donnait aux chiens favoris du chevalier; avec elle était aussi Rose Flammock, fille de Wilkin, jeune Flamande aux yeux bleus, à la taille arrondie, vermeille, timide comme une perdrix, et à qui il avait été permis depuis quelque temps de rester près de la noble héritière normande, dans cette situation mal définie qui tient le milieu entre l'humble condition de demoiselle de compagnie et l'état plus humble encore de domesticité.

Eveline courut à la plate-forme, les cheveux épars et les yeux baignés de larmes, et demanda vivement à Wilkin où était son père.

Le Flamand la salua gauchement, et essaya de lui répondre; mais la voix sembla lui manquer. Il tourna le dos à Eveline sans cérémonie, et, ne faisant aucune attention aux questions du chapelain et du piqueur, il dit à la hâte à sa fille en sa propre langue : — Tout va mal, Roschen (1), tout va mal. Veillez sur la pauvre fille; *der alter herr ist verruckt* (2).

Sans en dire davantage il descendit précipitamment, courut à l'office, et rugit comme un lion en appelant le souverain de ces régions par les noms de *Kammerer*, *Keller-master*, etc., appel auquel le vieux Reynold, ancien écuyer normand, ne répondit que lorsque le Flamand se rappela heureusement le titre anglais de sommelier. En entendant le nom légitime de la place qu'il occupait, et qui était comme la clef de la cave, le vieillard parut aussitôt avec sa casaque grise, ses bas roulés sur ses genoux, un trousseau de grosses clefs suspendu par une chaîne d'argent à une ceinture de

---

(1) Ma petite Rose. — Éd.
(2) Le vieux seigneur a perdu la tête. — Éd.

cuir; et, attendu le danger des circonstances, il avait jugé à propos d'attacher de l'autre côté, afin de rétablir l'équilibre, un énorme sabre qui semblait trop lourd pour que son bras affaibli par l'âge pût en soutenir le poids.

— Que me voulez-vous, maître Flammock? lui dit-il, ou plutôt quels ordres avez-vous à me donner, puisque c'est le bon plaisir de mon maître que je vous obéisse pour un temps?

— Il ne me faut qu'un verre de vin, mon cher *Kellermaster*, mon cher sommelier, veux-je dire.

— Je suis bien aise que vous vous rappeliez le titre de ma charge, dit Reynold avec le ton de ressentiment secret d'un domestique un peu gâté, qui se trouve presque offensé d'être obligé de recevoir des ordres d'un étranger.

— Donnez-moi un flacon de vin du Rhin, si vous m'aimez, dit Wilkin; j'ai le cœur sec et serré, et je sens qu'il faut que je boive du meilleur.

— Vous ne manquerez pas de vin, répondit le sommelier, si le vin peut vous donner le courage qui vous manque peut-être.

A ces mots le vieux Reynold descendit dans les caveaux dont il était gardien, et en rapporta un flacon d'argent qui pouvait contenir deux pintes. — Voilà du vin tel que vous en avez rarement goûté, lui dit-il, et il s'apprêtait à lui en verser un verre.

— Le flacon, l'ami Reynold, donnez-moi le flacon, dit Flammock; j'aime à boire à longue haleine quand j'ai sur les bras une affaire importante. Il saisit le flacon, en avala une gorgée préparatoire, comme pour juger de la qualité du liquide; puis, faisant au sommelier un signe d'approbation, il remit dans sa bouche le goulot du flacon ; et, par un mouvement graduel, il en releva le fond en ligne perpendiculaire, pour ne le rendre au sommelier qu'après en avoir vidé jusqu'à la dernière goutte.

— Ce vin a du bouquet, *herr Keller-master*, lui dit-il en reprenant haleine, et un peu fatigué d'avoir retenu si long-temps sa respiration ; mais que le ciel vous pardonne de croire que ce soit le meilleur que j'aie jamais bu ! Vous ne connaissez guère les caves d'Ypres et de Gand.

— Et je m'en soucie fort peu. Les nobles normands préfèrent les vins généreux, légers et cordiaux, de France et de Gascogne, aux breuvages acides du Rhin et du Necker.

— Tout cela est affaire de goût, Reynold. Mais, dites-moi, y a-t-il beaucoup de ce vin dans la cave ?

— Il me semblait qu'il ne plaisait pas à votre palais délicat.

— Un instant, mon cher ami. Ne vous ai-je pas dit qu'il avait du bouquet ? Je puis en avoir bu de meilleur ; mais, faute de meilleur, celui-ci est fort bon. Je vous demande encore si vous en avez beaucoup.

— Un tonneau tout entier. Je viens de le mettre en perce pour vous.

— Fort bien ! Prenez une bonne mesure chrétienne de deux pintes, faites monter ce tonneau dans l'office, et qu'on en serve à chaque soldat de ce château un flacon pareil à celui que je viens de vider. Je sens que ce vin m'a fait du bien. Le cœur me manquait tout à l'heure en voyant s'élever de mes moulins à foulon une noire et épaisse fumée. Oui, qu'on donne à chaque

6.

soldat une bonne mesure de deux pintes de ce vin : on ne peut défendre un château quand on a le gosier sec.

— Je dois faire tout ce que vous m'ordonnerez, maître Wilkin Flammock ; mais faites attention, je vous prie, que tous les hommes ne se ressemblent pas. Ce qui ne fait qu'échauffer le cœur d'un Flamand mettra en feu le cerveau d'un Normand ; et ce qui encouragera vos compatriotes à défendre le château fera tomber les nôtres du haut des murailles.

— Eh bien ! vous devez connaître mieux que moi vos compatriotes ; donnez-leur tel vin que vous voudrez, et en telle quantité que vous le jugerez à propos. Mais que chaque Flamand ait ses deux pintes de vin du Rhin bien mesurées. Et ces coquins d'Anglais ! on nous en a laissé un certain nombre dans le château ; que leur donnerez-vous ?

Le vieux sommelier se gratta le front, et réfléchit un instant.

— Il y aura une étrange dévastation dans nos caves, dit-il, et pourtant je ne puis nier que l'urgence du cas ne justifie la dépense. Quant aux Anglais, c'est une race de métis, comme vous le savez ; ils ont beaucoup de l'humeur sombre de vos Flamands, et quelque chose du sang bouillant de ces Gallois furieux. Des vins légers sont pour eux comme de l'eau ; des vins forts en font des enragés. Que penseriez-vous de l'ale ? c'est une liqueur stimulante, fortifiante, qui échauffe le cœur sans porter à la tête

— De l'ale ! hum ! Votre ale est-elle bonne, sire sommelier ? Est-ce de la double ale ?

— Doutez-vous de mon savoir-faire, maître Flammock ? Mars et octobre m'ont vu régulièrement la fabriquer avec la meilleure orge du Shropshire. Vous allez en juger.

Il remplit à un grand tonneau qui était dans un coin de l'office le flacon que Wilkin venait de vider, et le Flamand le mit à sec aussi promptement que le premier.

— Le liquide est bon, maître sommelier, lui dit-il, fort et bon, en vérité. Ces coquins d'Anglais se battront comme des diables quand ils en auront bu. Donnez-leur-en avec leur bœuf et leur pain bis. Et maintenant que je vous ai taillé de la besogne, maître Reynold, il est temps que je m'occupe de la mienne.

Wilkin Flammock sortit de l'office, et sans que sa tête et son bon sens se ressentissent en rien de la bière et du vin qu'il venait de boire, sans se laisser troubler par les bruits qui couraient sur ce qui se passait hors du château, il fit sa ronde sur les murailles, passa en revue sa petite garnison, assigna à chacun son poste, réservant à ses concitoyens le maniement de l'arbalète et la manœuvre des machines de guerre que les fiers Normands avaient inventées, dont les ignorans Anglais, ou pour mieux dire les Anglo-Saxons d'alors, ne comprenaient pas l'usage, mais dont ses compatriotes plus adroits savaient se servir avec beaucoup de dextérité.

Le mécontentement qu'avaient éprouvé les Normands et les Anglais, en se voyant placés temporairement sous les ordres d'un Flamand se calma peu à peu quand ils le virent déployer des connaissances militaires, et ce mécontentement céda enfin au sentiment intime du danger qui augmentait de moment en moment.

CHAPITRE IV.

> « Au-delà de ce pont, jeté sur ce ruisseau,
> » On verra se livrer de sanglantes batailles.
> » Là, bien des chevaliers auront leurs funérailles,
> Et comme leurs coursiers trouveront leur tombeau »
>
> *Prophéties de Thomas le Rimeur*

La fille de Raymond Bérenger restait sur la plateforme de la plus haute tour de Garde-Douloureuse, sans paraître vouloir céder aux exhortations du chapelain, qui l'engageait à aller attendre en priant dans la chapelle le résultat du combat. Il s'aperçut enfin que l'inquiétude et la crainte mettaient Eveline hors d'état d'entendre ses avis ou de les comprendre; et, s'asseyant près d'elle, tandis que Rose Flammock et le vieux piqueur restaient debout de l'autre côté, il tâcha de lui donner des consolations dont il aurait peut-être eu besoin lui-même.

— Ce n'est qu'une sortie que va faire votre noble père, lui dit-il, et quoiqu'elle puisse en apparence l'exposer à de grands risques, qui a jamais mis en doute l'expérience militaire de sire Raymond Bérenger? Il renferme dans son sein le secret de ses projets, et je crois qu'il n'aurait pas fait la sortie qu'il projette s'il n'avait pas su que le noble comte d'Arondel, ou le puissant connétable de Chester, était sur le point d'arriver.

— En êtes-vous bien assuré, mon bon père? demanda Eveline. Ma chère Rose, et Raoul, regardez du côté de l'est; apercevez-vous des bannières au milieu de ces nuages de poussière? Écoutez! n'entendez-vous pas de ce côté le son des trompettes?

— Helas! ma chère maîtresse, répondit Raoul, on entendrait à peine le tonnerre du ciel, au milieu des hurlemens de ces loups gallois.

Eveline tourna elle-même les yeux de ce côté, tandis qu'il parlait ainsi, et, jetant un regard vers le pont, elle y vit un spectacle effrayant.

La rivière qui baigne trois côtés de l'éminence sur laquelle le château était situé s'en écarte à l'ouest en décrivant une ligne courbe, et la colline se termine par une grande plaine si bien nivelée, qu'il est facile de voir qu'elle doit son origine à des alluvions. Plus loin, à l'extrémité de cette plaine et sur les bords de la rivière, étaient les moulins à foulon et les manufactures des Flamands, d'où l'on voyait alors sortir des tourbillons de flamme. Le pont, composé d'arches très-élevées et inégales, était situé à environ un demi-mille du château, au centre de la plaine. La rivière coulait dans un lit rocailleux et si profond qu'il était toujours difficile et souvent impossible de la traverser à gué, circonstance très-avantageuse pour la garnison du château, à qui plusieurs fois il avait coûté bien du sang pour défendre le passage du pont, qu'une délicatesse scrupuleuse engageait Raymond Bérenger à laisser libre en ce moment. Les Gallois saisirent cette occasion avec cet empressement qu'on montre ordinairement à profiter d'un avantage inattendu. On les voyait se presser sur les arches élevées du pont, tandis que d'autres troupes qui arrivaient successivement de différens points et sans obstacle, formaient ensuite leur ligne de bataille sur l'autre rive, en face du château.

D'abord le père Aldrovand suivit leurs mouvemens sans inquiétude, et même avec le sourire ironique d'un homme qui voit l'ennemi prêt à tomber dans le piège qui lui est tendu par une tactique supérieure. Raymond Bérenger avait rangé son petit corps de cavalerie et d'infanterie sur la rampe de la colline qui séparait le château de la rivière, et qui allait en montant du côté de la forteresse; et il paraissait évident au dominicain, à qui le séjour qu'il avait fait dans un cloître n'avait pas fait oublier son ancienne expérience militaire, que le dessein du chevalier était d'attaquer l'ennemi en désordre, quand un certain nombre aurait traversé la rivière, et que les autres seraient encore sur l'autre rive, occupés de la manœuvre longue et périlleuse de passer le pont. Mais lorsqu'il vit qu'on laissait arriver librement des corps considérables de ces Gallois à manteaux blancs, et qu'on souffrait qu'ils formassent leurs rangs suivant leur grossière tactique, la physionomie du moine changea d'expression, l'inquiétude s'y peignit, et quoiqu'il tâchât encore de rassurer la fille tremblante de Bérenger, il eut besoin de toute sa résignation pour lutter contre son ancienne ardeur militaire.

— Patience, ma fille, lui dit-il; ne perdez pas espérance, dans quelques instans vous verrez nos soldats mettre en déroute ces barbares ; encore une minute, et vos yeux les verront dispersés comme la poussière. Saint George! c'est à présent ou jamais qu'ils doivent faire retentir ton nom dans les airs !

Tout en parlant ainsi, le moine faisait passer rapidement entre ses doigts les grains de son chapelet ; mais il marmottait ses prières avec un air d'impatience militaire. Il ne pouvait concevoir pourquoi on permettait à chaque troupe de montagnards qui arrivait successivement de passer le défilé difficile formé par le pont, et de s'étendre dans la plaine sur l'autre rive, tandis que la cavalerie anglaise, ou, pour mieux dire, anglo-normande, restait stationnaire, sans mettre même la lance en arrêt. Il n'y avait plus, pensait-il, qu'une seule espérance, une seule manière d'expliquer raisonnablement cette inaction inconcevable, cet abandon volontaire de l'avantage qu'offrait le local, quand celui du nombre était tellement en faveur de l'ennemi; c'était de supposer, comme il le faisait, que les secours que sire Raymond attendait du connétable de Chester et d'autres seigneurs des frontières étaient à très-peu de distance, et qu'on souffrait que les Gallois passassent la rivière sans obstacle, afin que leur retraite fût plus efficacement coupée, et leur déroute plus signalée.

Tout en cherchant à se livrer à cet espoir, le père Aldrovand sentait pourtant le découragement se glisser dans son cœur; car, en regardant tour à tour vers tous les points par où les secours attendus devaient arriver, il ne voyait ni n'entendait rien qui en annonçât l'approche. Dans une situation d'esprit plus voisine du désespoir que de la confiance, le vieillard continua alternativement à prier, à regarder, et à adresser quelques paroles de consolation, en phrases entrecoupées, à Eveline, jusqu'à ce que des cris de triomphe partant des rangs des Gallois, et qui retentirent depuis la rivière jusqu'au château, l'eussent averti que les derniers Bretons avaient passé le pont, et que leur armée formidable était rangée en bataille sur la rive voisine du château.

A ces cris aigus et effrayans, poussés par tous les Gallois avec l'énergie qu'inspirent la soif des combats, la haine, et l'espérance de la victoire, répondirent enfin les sons des trompettes normandes, premier signe de mouvement qu'ait encore donné Raymond Bérenger Mais elles avaient beau sonner, qu'étaient leurs fanfares en comparaison des clameurs qui partaient des rangs ennemis? c'était le sifflet du nautonnier au milieu des mugissemens de la tempête.

A l'instant où ce son guerrier se fit entendre, Bérenger donna ordre à ses archers de décocher leurs flèches, et à ses hommes d'armes d'avancer sous une grêle de traits, de javelines et de pierres que lançaient les Gallois contre leurs ennemis couverts d'airain.

Les vétérans de Raymond, animés par le souvenir de leurs victoires, pleins de confiance dans les talens de leur chef, et ne se laissant pas décourager par l'immense inégalité du nombre, chargèrent l'armée galloise avec la valeur dont ils avaient donné tant de preuves. C'était un beau spectacle que de voir cette petite troupe de cavaliers courir à la charge, leurs panaches flottant sur leurs casques, leurs lances en avant à six pieds de la tête de leurs coursiers, leurs boucliers suspendus à leur cou afin que leur main gauche eût la liberté de diriger leur monture, présentant un front impénétrable, et s'avançant avec une impétuosité toujours croissante.

Une telle attaque pouvait intimider des hommes presque nus, car tels étaient les Gallois auprès des Normands, couverts de cottes de mailles; mais elle n'inspira pas la terreur aux anciens Bretons, qui se vantaient depuis long-temps d'exposer leur poitrine découverte, sans autre armure que leur tunique blanche, aux lances et aux épées des hommes d'armes, avec autant de confiance que s'ils eussent été invulnérables. Il leur fut pourtant impossible de résister au premier choc, qui rompit leurs rangs, quelque serrés qu'ils fussent, et qui porta les chevaux bardés en fer au centre de leur armée, à peu de distance de la fatale bannière à laquelle Raymond Bérenger, fidèle à sa promesse imprudente, avait laissé en cette journée l'avantage du terrain. Mais ils cédèrent aux Normands comme les vagues cèdent au majestueux navire, pour en assaillir les flancs et se réunir derrière sa poupe. Poussant des cris sauvages et horribles, ils entourèrent Raymond Bérenger et sa troupe dévouée, et il s'ensuivit une scène de carnage.

Les plus vaillans guerriers du pays de Galles avaient joint en cette occasion l'étendard de Gwenwyn. Les flèches des Gallois de Gwentland, presque aussi habiles que les archers normands, pleuvaient sur les casques des hommes d'armes, et les javelines de ceux de Debenbarth, garnies d'un acier renommé par l'excellence de sa trempe, frappaient leurs cuirasses, et les traversaient quelquefois.

Ce fut en vain que le petit nombre d'archers appartenant à la faible armée de Raymond, hommes qui, pour la plupart, possédaient des fiefs à charge de service militaire, épuisèrent leurs carquois en lançant leurs flèches sur le front étendu que leur offrait l'armée galloise. Il est probable que chacune d'elles portait la mort à un ennemi ; mais, pour secourir efficacement la cavalerie, alors complètement enveloppée de toutes parts, il aurait fallu que chaque flèche ôtât la vie à vingt Gallois. Cependant ceux-ci, irrités de cette décharge continuelle, y répondaient par des volées de traits décochés par leurs archers, dont le nombre balançait l'infériorité, et qui étaient soutenus par des corps nombreux armés de frondes et de javelines ; de sorte que les archers normands, qui avaient plus d'une fois essayé de descendre de la position élevée qu'ils occupaient, pour dégager Raymond et sa cavalerie en faisant une diversion, étaient alors tellement occupés à se défendre, qu'ils ne pouvaient plus songer à effectuer un pareil mouvement.

Cependant ce brave chevalier, qui, dès le commencement, n'avait espéré qu'une mort honorable, multipliait ses efforts pour la rendre éclatante en entraînant dans sa perte celle du prince gallois, auteur de la guerre. Il évita soigneusement d'épuiser ses forces en faisant tomber indifféremment ses coups sur tout ce qui se présentait ; mais, faisant pénétrer son cheval à travers les flots d'ennemis qui se pressaient autour de lui, et laissant à ses compagnons le soin de combattre cette foule obscure, il poussa son cri de guerre, et marcha droit vers la bannière de Gwenwyn, près de laquelle ce prince avait pris sa place, remplissant en même temps les devoirs d'habile général et de vaillant soldat.

La connaissance que Raymond avait acquise du caractère des Gallois, sujets aux impulsions soudaines de toutes les passions, le portait à espérer qu'une attaque dirigée avec succès sur ce point, et suivie de la mort ou de la prise de ce prince et de la chute de son étendard, pourrait inspirer une frayeur panique qui changerait la face presque désespérée des affaires. Il encouragea donc ses compagnons par sa voix et par son exemple. Mais Gwenwyn, entouré des plus nobles et des plus vaillans de ses champions, fit une défense non moins opiniâtre. Ceux des Bretons qui se trouvaient blessés et renversés n'en résistaient pas moins, et, s'attachant aux pieds des chevaux normands, ils les empêchaient d'avancer, tandis que leurs compagnons cherchaient avec leurs piques le défaut des cuirasses des hommes d'armes, et s'efforçaient de les renverser de cheval, soit par la force de leur bras, soit en se servant de ces crochets d'airain et de ces haches à fer recourbé, armes particulières aux habitans du pays de Galles. Malheur à ceux qui étaient démontés par l'un ou l'autre de ces moyens! car ils étaient bientôt percés par les longs couteaux pointus des Gallois, et ils n'obtenaient merci que lorsque le premier coup qui leur était porté était mortel.

Le combat en était à ce point, et avait duré plus d'une demi-heure, quand Bérenger étant parvenu à deux longueurs de pique de la bannière du Dragon-

Blanc, lui et Gwenwyn se trouvèrent assez près l'un de l'autre pour pouvoir se défier mutuellement.

— Tourne-toi par ici, loup de Plinlimmon, s'écria Bérenger, et expose-toi, si tu l'oses, à un coup de la bonne épée d'un chevalier! Raymond Bérenger te méprise toi et ta bannière!

— Vil Normand! répliqua Gwenwyn en brandissant autour de sa tête une massue d'une pesanteur prodigieuse et déjà ensanglantée, ton casque ne protègera pas ta langue menteuse, et je la ferai servir aujourd'hui de pâture aux corbeaux.

Raymond ne répondit rien, mais chercha de nouveau à pénétrer jusqu'au prince, qui s'avançait vers lui. Mais, avant qu'ils fussent à portée de pouvoir se servir de leurs armes l'un contre l'autre, un champion gallois, se dévouant comme les Romains qui avaient à combattre les éléphans de Pyrrhus, et voyant que l'armure qui couvrait le cheval de Bérenger résistait aux coups de pique multipliés qu'il lui portait, se glissa sous le noble animal, et lui enfonça son long couteau dans le ventre. Le coursier se cabra, tomba sur-le-champ, écrasa sous son poids le Breton qui l'avait blessé, et renversa son cavalier. Les liens du casque du chevalier se brisèrent dans sa chute; le casque roula à quelques pas de lui, et laissa ses nobles traits et ses cheveux gris à découvert. Raymond Bérenger fit plus d'un effort pour se relever; mais, avant qu'il eût pu y réussir, il reçut le coup de la mort de la main de Gwenwyn, qui n'hésita pas à massacrer d'un coup de massue un ennemi renversé.

Pendant toute cette affaire sanglante, le cheval de Denis Morolt avait suivi pas à pas celui du chevalier normand, et l'écuyer avait frappé autant de coups que le maître.

On aurait dit qu'une seule volonté faisait mouvoir leurs deux corps. Denis Morolt ménageait ou déployait ses forces, en imitant l'exemple que sire Raymond lui donnait, et il était à son côté quand il le vit faire le dernier effort qui devait lui coûter la vie. Dans ce fatal moment où Bérenger s'élança sur le Chef gallois, le brave Morolt se fraya un chemin vers la bannière du Dragon-Blanc, et, la saisissant avec force, il en disputa la possession à un Breton d'une taille gigantesque. Mais, quoique engagé dans une lutte mortelle, Morolt ne perdait pas son maître de vue, et, lorsqu'il le vit tomber, une sorte de sympathie le priva en même temps de toutes ses forces, et le champion gallois n'eut plus de peine à le mettre au nombre des morts.

La victoire de Gwenwyn était alors complète. Après avoir perdu leur chef, le reste des cavaliers de Bérenger aurait volontiers pris la fuite ou mis bas les armes. Mais la fuite leur était impossible, enveloppés de toutes parts comme ils l'étaient, et dans les guerres barbares que les Gallois faisaient sur les frontières, ils ne savaient ce que c'était que d'accorder quartier aux vaincus. Quelques hommes d'armes furent assez heureux pour se dégager, et, sans même essayer de rentrer au château, se dispersèrent de différens côtés. Ils allèrent porter parmi les habitans des frontières la terreur dont ils étaient frappés, en leur annonçant la perte de la bataille et la mort de l'illustre Raymond Bérenger.

Les archers du chevalier mort n'avaient pas pris une

part si active au combat qui avait été livré par la cavalerie, et ils étaient encore sur la hauteur où ils avaient été placés. Ils devinrent alors à leur tour le seul objet de l'attaque des ennemis. Mais, quand ils virent la foule victorieuse fondre sur eux en poussant des cris qui ressemblaient au mugissement des vagues en courroux, ils abandonnèrent la position qu'ils avaient courageusement défendue jusqu'alors, et commencèrent à battre en retraite vers le château en aussi bon ordre qu'ils le purent, seul moyen de sauver leur vie. Les plus agiles de leurs ennemis cherchèrent à les couper, en se jetant dans un chemin creux qui conduisait au château ; mais le sang-froid des archers anglais, accoutumés à braver les dangers les plus pressans, ne les abandonna pas en cette occasion ; les uns, armés de glaives, délogèrent les Gallois du chemin qu'ils avaient occupé ; les autres, s'étant formés en plusieurs divisions, tantôt faisaient volte-face pour repousser les ennemis qui les poursuivaient, tantôt continuaient leur retraite ; en un mot, ils tinrent tête aux Gallois avec tant de courage, qu'ils avancèrent insensiblement vers le château, en faisant avec l'ennemi un échange perpétuel de traits qui faisait couler beaucoup de sang de part et d'autre.

Enfin, ayant laissé derrière eux plus des deux tiers de leurs braves compagnons, ils arrivèrent à un point qui était commandé par les machines de guerre placées sur les murailles de Garde-Douloureuse, et où, par conséquent, ils se trouvaient un peu moins en danger. Une volée de grosses pierres et de traits à tête carrée, d'une dimension et d'un poids énormes, arrêta efficacement la poursuite, et les Chefs gallois ramenèrent leurs forces sur le champ de bataille, où leurs concitoyens, poussant des cris de joie et de triomphe, s'occupaient à enlever les dépouilles des vaincus. Quelques-uns, excités par un esprit de haine et de vengeance, allaient même jusqu'à mutiler les corps des Normands morts ou expirans. Les hurlemens épouvantables qui accompagnaient cette œuvre de férocité firent frémir d'horreur la faible garnison de Garde-Douloureuse, et lui inspirèrent en même temps la résolution de défendre la forteresse jusqu'à la dernière extrémité plutôt que d'avoir recours à la merci d'un ennemi si barbare.

CHAPITRE V.

> « Dans son château le chevalier rentra.
> » Le premier mur fit peu de résistance
> » Et l'ennemi bientôt s'en empara.
> » Mais le second fit meilleure défense »
>
> Percy. Recueil d'anciennes poesies.

Le malheureux résultat de la bataille fut bientôt connu des spectateurs inquiets qui se trouvaient sur la plate-forme de la grande tour de Garde-Douloureuse, nom que ce château ne méritait que trop de porter en cette journée. Ce fut avec difficulté que le père Aldrovand maîtrisa son émotion pour chercher à calmer celle d'Éveline, et pour contenir les lamentations des femmes, des enfans et des vieillards dont les parens venaient de succomber dans cette affaire désastreuse. Ces malheureux étaient venus chercher leur sûreté dans le château, et ils étaient montés les uns sur la tour, les autres sur les murailles, d'où le père Aldrovand trouva assez difficile de les faire descendre, car il savait que la présence de ces infortunés au désespoir sur des murs qui ne devaient présenter à la vue que des défenseurs intrépides, ne pouvait que redoubler l'ardeur de l'ennemi. Il fit donc sentir à Éveline la nécessité de donner l'exemple à ces êtres inconsolables, en se retirant elle-même.

Conservant, ou du moins cherchant à conserver, même dans son extrême douleur, ce sang-froid qu'exigeaient les mœurs du temps, car la chevalerie avait son stoïcisme aussi-bien que la philosophie, Éveline répondit d'une voix qu'elle aurait voulu rendre ferme, mais qui était tremblante en dépit d'elle-même :

— Oui, mon père, vous avez raison ; il n'y a plus rien qui puisse fixer les yeux d'une femme. La Gloire des armes et l'Honneur ont succombé quand ce panache blanc a touché la terre sanglante. Venez, mes filles, venez ; il n'y a plus rien à voir ici pour nous. Allons à l'église, le tournoi est fini.

Il y avait quelque chose de hagard dans ses yeux ; quand elle se leva comme quelqu'un qui aurait voulu conduire une procession, elle chancela, et elle serait tombée si le chapelain ne l'eût soutenue. Se couvrant la tête de sa mante, comme si elle eût rougi de l'excès d'une douleur qu'elle ne pouvait réprimer, et que n'annonçaient que trop ses gémissemens et ses sanglots, elle dit au père Aldrovand de la conduire où bon lui semblerait.

— Notre or s'est changé en cuivre, lui dit-il, notre argent en poussière, notre sagesse en folie. Telle a été la volonté de celui qui confond les desseins du sage, et qui arrête le bras du puissant. A la chapelle, ma fille, à la chapelle; prions Dieu et les saints de jeter sur nous un regard favorable, et de sauver le reste du troupeau de la fureur des loups dévorans.

Tout en parlant ainsi, il conduisait Éveline à la chapelle du château, en la soutenant pour l'aider à marcher; car elle était en ce moment presque incapable d'agir et de réfléchir. Là, agenouillée devant l'autel, elle prit du moins l'attitude de la dévotion; mais, malgré les prières que sa bouche prononçait machinalement, ses pensées étaient sur le champ de bataille, près du corps de son malheureux père. Les autres affligés prirent comme elle une attitude religieuse, et eurent comme elle des distractions. Ils savaient que la plus grande partie de la garnison du château avait été sacrifiée dans la sortie imprudente de Raymond Bérenger, et cette idée ajoutait à leurs regrets le sentiment de la crainte personnelle, augmentée encore par les actes de cruauté auxquels se portait souvent l'ennemi, qui, dit-on, dans le feu de la victoire, ne faisait grace ni à l'âge ni au sexe.

Le moine prit avec eux le ton d'autorité que son caractère lui permettait. Il leur ordonna de cesser des plaintes et des lamentations inutiles, et, les ayant amenés, du moins à ce qu'il crut, à une situation d'esprit plus conforme à leur position, il les quitta pour aller satisfaire sa curiosité et calmer ses propres inquiétudes, en s'assurant par lui-même de l'état de défense du château. Il trouva sur les murs extérieurs Wilkin Flammock, qui, ayant rempli les devoirs d'un bon et habile capitaine, en manœuvrant son artillerie de manière à repousser, comme nous l'avons déjà vu, la garde avancée des ennemis, s'occupait alors à mesurer, de sa propre main, des rations de vin qui ne pouvaient l'exposer au reproche de parcimonie.

— Mon bon Wilkin, lui dit le père, aie soin de mettre de la modération dans cette affaire. Tu dois savoir que le vin, comme le feu et l'eau, est un excellent serviteur, mais un fort mauvais maître.

— Il se passera long-temps avant que ses vapeurs pénètrent l'épais cerveau de mes concitoyens, répondit Flammock. Notre courage flamand ressemble à nos chevaux flamands : ils ne vont qu'autant qu'ils sentent l'éperon, et il nous faut du vin pour enflammer notre valeur. Mais croyez-moi, mon père, l'étoffe dont nous sommes faits est d'un bon teint, qui ne passe pas au blanchissage. D'ailleurs, quand je donnerais à ces drôles un peu trop à boire, je n'aurais peut-être pas grand tort, puisqu'il est vraisemblable qu'ils n'auront pas trop à manger.

— Que voulez-vous dire? s'écria le père Aldrovand en faisant un geste d'alarme; je me flatte que, grace à tous les saints, le château est bien avitaillé.

— Pas aussi bien que votre couvent, mon bon père, répondit Wilkin avec un sang-froid imperturbable. Vous avez eu à Noël, comme vous le savez, des fêtes trop joyeuses pour en espérer de semblables à Pâques. Ces chiens gallois sont venus dévorer une partie de vos provisions, et maintenant il est probable qu'ils entreront dans le château, parce qu'on n'en trouve plus.

— Quelle folie! s'écria le moine; j'ai entendu hier soir le bon sire Raymond, à qui Dieu fasse paix, donner des ordres pour qu'on allât chercher des vivres ce matin dans tous les environs.

— Sans doute, répliqua Flammock; mais les Gallois nous ont donné aujourd'hui trop de fil à retordre pour qu'on pût l'exécuter, et l'on n'a pu faire en ce moment ce qui aurait dû être fait il y a des semaines et des mois. Notre défunt seigneur, s'il est défunt, était de ces gens qui comptent toujours sur leur épée, et voilà ce qui en est résulté : si l'on veut que je combatte, parlez-moi d'une arbalète et d'un château bien avitaillé! Vous pâlissez, mon père! buvez ce verre de vin pour vous ranimer.

Le moine repoussa doucement le verre que Wilkin le pressait d'accepter. — Il ne nous reste donc de ressource que dans les prières? dit-il.

— C'est la vérité, mon père, répondit l'impassible Flamand, priez donc tant qu'il vous plaira; quant à moi, je me contenterai de jeûner; ce qu'il faudra bien faire, bon gré mal gré.

En ce moment on entendit à quelque distance le son d'un cor.

— Veillez à la porte et à la herse, s'écria Flammock. Eh bien, Neil Hansen, quelles nouvelles?

— Un député des Gallois est à Mill-Hill, dit Neil Hansen, tout juste à portée de nos arbalètes. Il tient un drapeau blanc à la main, et demande à entrer au château.

— Sur ta vie! s'écria Wilkin, ne le laisse pas entrer avant que nous soyons prêts à le recevoir. Fais pointer un mangonneau contre lui, et écrase-le sous une grêle de pierres, s'il bouge de l'endroit où il se trouve avant que nous ayons tout préparé pour sa réception. Maintenant, Neil, ajouta-t-il en se servant de sa langue naturelle, il faut se donner du mouvement. Ramasse toutes les lances, toutes les piques, toutes les javelines qui se trouvent dans le château ; qu'on les porte sur les murailles, et qu'on en passe le fer à travers tous les créneaux. Coupe quelques morceaux de vieille tapisserie en guise de bannières, et fais-les arborer sur toutes les tours. Sois prêt, dès que j'en donnerai le signal, à faire battre les tambours et sonner les trompettes, s'il nous en reste quelques-unes ; sinon, qu'on prenne des cornets à bouquin, tout ce qui peut faire du bruit. Mais surtout, Neil Hansen, ne manque pas d'aller au magasin d'armes avec quatre ou cinq de tes camarades, et couvrez-vous de cottes de mailles. Nos armures des Pays-Bas ne leur en imposent pas autant. Alors vous banderez les yeux au Gallois, et vous le ferez entrer. Vous aurez soin de tenir la tête haute, et de ne pas dire un mot. Laissez-moi le soin de traiter avec l'envoyé ; seulement prends garde qu'il n'y ait point de Normand parmi nous.

Le moine, qui, dans ses pèlerinages, avait acquis quelque connaissance de la langue flamande, fut sur le point de faire un geste de surprise en entendant la dernière partie des instructions que Wilkin venait de donner ; mais il réprima ce premier mouvement, quoique cette circonstance lui parût suspecte, et qu'il fût un peu étonné de la promptitude et de la dextérité que montrait l'artisan flamand en donnant des ordres si conformes aux règles de la guerre et à celles d'une sage politique.

Wilkin, de son côté, n'était pas bien certain que le moine n'eût pas entendu et compris mieux qu'il ne l'aurait voulu les instructions qu'il venait de donner. Pour écarter les soupçons qu'il pouvait avoir conçus, il lui répéta en anglais la plus grande partie de ce qu'il avait dit en flamand à Neil Hansen, et lui demanda ensuite : — Comment trouvez-vous mes précautions, mon père ?

— Excellentes, répondit le père Aldrovand ; telles que vous auriez pu les prendre si vous aviez toute votre vie manié les armes au lieu de la navette.

— Épargnez-nous vos plaisanteries, mon père. Je sais fort bien que vous autres Anglais vous pensez que les Flamands n'ont dans la tête que du bœuf bouilli et des choux ; vous voyez pourtant qu'il peut sortir quelque chose de bon de la cervelle d'un homme qui fait jouer la navette.

— Vous avez raison, maître Wilkin Flammock. Mais quelle réponse comptez-vous faire à la sommation du prince gallois ?

— Dites-moi d'abord, révérend père, ce que dira cette sommation.

— Vous serez sommé de rendre le château à l'instant. Que répondrez-vous ?

— Je répondrai non, à moins d'une bonne capitulation.

— Comment, sire Flammock, osez-vous parler, dans la même phrase, de capitulation et du château de Garde-Douloureuse ?

— Je ne le rendrai pas, si je puis faire mieux ; mais Votre Révérence veut-elle que j'attende jusqu'à ce que la garnison agite la question de savoir quelle chair est meilleure à mettre sur le gril, celle d'un gros chapelain ou celle d'un Flamand bien gras ?

— Vous ne pouvez parler ainsi sérieusement, Wilkin. D'ailleurs nous devons être secourus sous vingt-quatre heures au plus tard ; sir Raymond en était certain.

— Sire Raymond s'est trompé ce matin en plus d'une chose.

— Écoute-moi, flandrin, s'écria le moine, à qui sa retraite dans un cloître n'avait pas fait perdre tout-à-fait ses anciennes mœurs militaires, je te conseille de marcher droit dans cette affaire, si tu fais quelque cas de ta vie ; car, malgré le carnage qui a eu lieu ce matin, il reste encore ici assez d'Anglais pour te jeter toi et tes grenouilles flamandes dans les fossés du château, s'ils avaient lieu de croire que tu médites la moindre trahison contre lady Eveline et contre une forteresse dont la garde t'a été confiée.

— Que Votre Révérence ne se laisse pas émouvoir par des craintes puériles et inutiles. Au surplus, je suis le gouverneur de ce château par ordre de celui qui en était le maître, et je ferai tout ce que je jugerai convenable pour le bien du service.

— Et moi, dit le moine d'un air chagrin, je suis serviteur du pape, chapelain de ce château, ayant le pouvoir de lier et de délier. Je crains que tu ne sois pas un bon chrétien, Wilkin Flammock, et que tu ne sois entiché de l'hérésie des montagnards. Tu as refusé de prendre la croix ; tu as aujourd'hui déjeuné, bu de l'ale et du vin, avant d'avoir entendu la messe ; tu ne mérites pas de confiance, et je ne t'accorderai pas la mienne. Je demande à assister à ta conférence avec le Gallois.

— Impossible, mon père, répondit Flammock avec le sourire et l'air impassible qu'il conservait dans toutes les circonstances, quelque importantes qu'elles pussent être. — Il est vrai que j'ai mes raisons pour ne pas aller, quant à présent, tout-à-fait jusqu'aux portes de Jéricho, et il est heureux que j'aie ces raisons, sans quoi je ne serais pas ici pour défendre celles de Garde-Douloureuse. Il est également vrai que je puis avoir été obligé quelquefois de visiter mes moulins à foulon avant que le zèle du chapelain l'eût éveillé pour monter à l'autel, et que mon estomac me défend de travailler avant d'avoir déjeuné. Mais j'ai payé tribut pour toutes ces fautes, mon père, je l'ai payé à Votre Révérence elle-même; et puisqu'il vous plaît de vous souvenir si bien de ma confession, il me semble que vous ne devriez pas oublier la pénitence que vous m'avez imposée, et l'absolution que j'ai reçue.

Le moine, en faisant allusion aux secrets du confessional, avait fait un pas au-delà de ce que lui permettaient les règles de son ordre et de l'Église. Il fut comme interdit de la réponse du Flamand, et, voyant que le reproche d'hérésie ne l'avait pas intimidé, il se borna à lui dire avec quelque confusion :

— Vous refusez donc de m'admettre à votre entrevue avec le Gallois?

— Révérend père, il n'y sera question que d'affaires séculières. S'il y survenait quelque chose qui concernât la religion, je vous ferais appeler sur-le-champ.

J'y assisterai en dépit de toi, bœuf de Flandre que tu es! murmura le père Aldovrand, mais d'un ton à n'être entendu de personne. Et, tournant le dos à Flammock, il descendit des murailles.

Quelques minutes après, Wilkin, ayant vu que tout avait été préparé pour donner une idée imposante d'une force qui n'existait pas, se rendit dans une petite salle de garde, située entre les deux murailles, où il arriva escorté de six de ses compatriotes portant des armures normandes qu'ils avaient trouvées dans la salle d'armes. Leur grande taille, leur embonpoint, leur air de vigueur et leur immobilité, leur donnaient l'air de trophées d'armes de quelque siècle passé plutôt que de soldats vivans. Entouré de ces personnages muets, dans une petite chambre voûtée qui admettait à peine le jour, Flammock reçut l'envoyé gallois qui y fut amené, les yeux bandés, entre deux Flamands; mais on avait eu soin de les lui bander assez négligemment pour qu'il pût entrevoir tous les préparatifs qu'on avait faits sur les murailles, et dont le principal but était de lui en imposer. Dans le même dessein on faisait entendre de temps en temps au-dehors tantôt un cliquetis d'armes, tantôt des voix qui semblaient celles d'officiers faisant leur ronde; enfin on prenait tous les moyens pour persuader que la plus grande activité régnait dans ce château, qu'il y restait une garnison nombreuse, et qu'on y faisait toutes les dispositions nécessaires pour bien se défendre en cas d'attaque.

Lorsqu'on eut détaché le bandeau qui couvrait les yeux de Jorworth (car le même Gallois qui était venu quelque temps auparavant faire des propositions d'alliance de la part de Gwenwyn était alors porteur de la sommation), il regarda autour de lui d'un air hautain, et demanda à qui il devait faire part des ordres de son maître Gwenwyn, fils de Cyvelioc, prince de Powys.

— Il faudra, répondit Flammock avec son air d'indifférence ordinaire, que son altesse se contente de traiter avec Wilkin Flammock, propriétaire des moulins à foulon, et substitut du gouverneur de Garde-Douloureuse.

— Toi, substitut du gouverneur! s'écria Jorworth; toi, vil artisan de Flandre! impossible! Quoiqu'ils soient tombés bien bas, des Anglais ne peuvent s'être abaissés au point de te reconnaître pour commandant Ces gens-là me paraissent Anglais, et c'est à eux que je délivrerai mon message.

— Comme il vous plaira, répliqua Flammock; mais s'ils vous répondent autrement que par signes, je vous permets de m'appeler *schelm* (1).

— Cela est-il vrai? demanda l'envoyé en regardant les compagnons de Flammock, qu'il prenait pour des hommes d'armes; en êtes-vous réellement réduits là? Quoique vous soyez les enfans de brigands étrangers, je croyais qu'étant nés sur le sol de la Grande-Bretagne vous auriez trop d'orgueil pour porter le joug d'un misérable artisan. Si vous n'avez pas de courage, ne devriez-vous pas avoir de la prudence? Ne connaissez-vous pas le proverbe· Malheur à celui qui se fie à un étranger! Toujours muets! Répondez-moi par paroles ou par gestes. Le reconnaissez-vous réellement pour votre chef?

Les hommes d'armes supposés répondirent unanimement à cette question par un signe de tête affirmatif, et reprirent ensuite leur immobilité.

Le Gallois, avec la pénétration naturelle à ses concitoyens, soupçonna qu'il y avait dans tout cela quelque chose qu'il ne pouvait pas bien comprendre. Se disposant donc à se tenir sur ses gardes, il continua ainsi qu'il suit.

(1) Terme d'opprobre, *infame.* — É.D.

— Quoi qu'il en soit, peu m'importe qui entendra le message de mon souverain, puisqu'il accorde pardon et merci aux habitans du *Castel an Carrig* (1) (que vous avez appelé Garde-Douloureuse, pour couvrir votre usurpation par ce changement de nom). Sous la condition que vous rendrez au prince de Powys ledit château, toutes ses dépendances, les armes qui s'y trouvent, et la personne d'Eveline Bérenger, il vous sera permis à tous d'en sortir sans être inquiétés, et vous aurez des saufs-conduits pour aller où il vous plaira, au-delà des frontières du Cymry.

— Et si nous n'obéissons pas à cette sommation? dit l'imperturbable Wilkin Flammock.

— En ce cas, vous aurez le même sort que votre dernier chef, Raymond Bérenger, répondit Jorworth, les yeux étincelans de férocité.—Toutes les têtes qui sont ici tomberont sur l'échafaud, et leurs corps serviront de pâture aux corbeaux. Il y a long-temps qu'ils n'ont eu un pareil banquet de lourdauds Flamands et de misérables Saxons.

— Ami Jorworth, répliqua Wilkin, si tu n'as pas d'autre message, tu peux répondre à ton maître de ma part que des hommes prudens ne confient pas aux autres une sûreté qu'ils peuvent devoir à leurs propres œuvres. Nous avons des murailles aussi hautes que solides, des fossés profonds, des munitions et de vivres en abondance, des arcs, des arbalètes et des machines de guerre. Nous garderons donc ce château dans la confiance que ce château nous gardera jusqu'à ce qu'il nous arrive du secours.

(1) Le château de la Montagne. — L.D

— Ne risquez pas votre vie sur un tel espoir, dit l'émissaire gallois, qui commença alors à parler en flamand, car il connaissait cette langue et il la parlait couramment, ayant eu des relations fréquentes avec des Flamands établis dans le Pembroke-Shire ; il s'en servait alors, parce qu'il désirait que les hommes d'armes prétendus, qu'il supposait Anglais, n'entendissent pas ce qu'il voulait dire à Flammock. — Écoutez-moi, mon bon Flamand, continua-t-il, ne savez-vous pas que celui sur qui vous comptez, le connétable de Lacy, a fait vœu de ne pas porter les armes avant d'avoir été à la Terre-Sainte? Lui et les autres seigneurs des frontières sont déjà en marche pour aller joindre les croisés. Que vous reviendra-t-il de nous donner la peine et l'embarras de vous assiéger, quand vous n'avez à espérer aucun secours ?

— Eh! que m'importe que vous ayez de la peine et de l'embarras? demanda Wilkin, parlant aussi son propre langage, et regardant le Gallois fixement, mais sans donner aucune expression à des traits qui d'ailleurs étaient assez réguliers, et qui n'offraient qu'un mélange remarquable d'insouciance et de simplicité. — Que me reviendra-t-il de vous donner moins de peine et d'embarras ?

— Allons, l'ami Flammock, ne fais pas semblant d'avoir moins d'intelligence que la nature ne t'en a donné. La vallée est ténébreuse, mais un rayon de soleil peut en éclairer un côté. Tous tes efforts ne peuvent empêcher que ce château ne tombe entre nos mains ; mais tu peux en accélérer le moment.

Il se rapprocha de Wilkin, baissa la voix, prit un ton insinuant, et ajouta.—Jamais Flamand n'a autant gagné en levant un herse et en baissant un pont-levis que tu peux le faire en ce moment si tu le veux.

— Tout ce que je sais, c'est que, pour avoir baissé la herse et levé le pont-levis de ce château, il m'en coûte tout ce que je possédais.

— Tu en seras amplement dédommagé, Flammock ; la libéralité de Gwenwyn est comme la pluie d'été.

— Mes moulins et mes manufactures ont été ce matin la proie des flammes.

— Tu recevras en place mille marcs d'argent.

Mais le Flamand, ayant l'air de ne pas l'entendre, continua le catalogue de ses pertes.

— On a ravagé mes terres ; on m'a enlevé vingt belles vaches ; on m'a....

— On t'en rendra soixante, et on les choisira parmi les plus belles de toutes celles qui font partie du butin.

— Mais ma fille, mais lady Eveline, dit Wilkin, dont la voix monotone subit un léger changement qui semblait annoncer qu'il commençait à balancer ! — Vous êtes des vainqueurs cruels, et.....

— Nous sommes terribles pour ceux qui résistent, mais non pour ceux qui méritent notre clémence par leur soumission. Gwenwyn oubliera les injures qu'il a reçues de Raymond ; il élèvera sa fille au plus grand honneur parmi les filles du Cymry. Quant à la tienne, forme un souhait pour elle, et il sera rempli au-delà de ton attente. Nous comprenons-nous à présent ?

— Je te comprends du moins.

—Et je crois que je te comprends aussi, dit Jorworth, fixant ses yeux bleus pleins de feu et de vivacité sur les traits moins expressifs du Flamand, comme un écolier plein d'ardeur qui cherche à découvrir quelque sens mystérieux et caché dans un passage dont l'interprétation ne paraît lui offrir aucune obscurité.

— Tu crois que tu me comprends, dit Wilkin; mais voici la difficulté. Lequel de nous aura confiance en l'autre?

— Oses-tu me le demander? Est-ce à toi ou à tes pareils d'oser douter des promesses du prince de Powys?

— Il ne m'en fait que par ta bouche, mon bon Jorworth, et je sais parfaitement que tu es du nombre de ces gens qui ne manquent jamais d'arriver à leur but quand il ne leur en coûte que de belles paroles.

— Flamand! je te jure sur ma foi de chrétien, sur l'ame de mon père, sur l'honneur de ma mère, sur la croix noire de.....

— Halte là, mon brave Jorworth, tu entasses trop de sermens les uns sur les autres pour que tu en fasses grand cas. Ce qu'on engage si légèrement, il arrive souvent qu'on ne le juge pas digne d'être dégagé. Quelque chose dans la main pour gage du reste de tes promesses vaudrait mieux pour moi que tous les sermens du monde.

— Rustre méfiant! oses-tu douter de ma parole?

— Pas du tout, mais j'en croirai plus volontiers tes actions.

— Venons-en au point, Flammock; que demandes-tu de moi?

— Je voudrais d'abord voir de mes propres yeux les mille marcs dont tu parles. Ensuite je réfléchirai sur tes propositions.

— Vil brocanteur! crois-tu donc que le prince de Powys ait des sacs d'argent comme les marchands de ton pays de trafiquans? il amasse des trésors par ses conquêtes, comme la trombe pompe l'eau; mais c'est pour les distribuer entre ses vassaux, comme cette colonne de vapeur restitue à la terre et à l'Océan toutes les eaux dont elle se compose. La somme que je t'ai promise est encore à ramasser dans les caisses des Saxons. Le coffre-fort de Bérenger fournira son contingent.

— Il me semble que je pourrais l'y prendre moi-même, puisque je suis maître au château, et vous en epargner la peine.

— Oui, mais ce serait aux dépens d'une corde et d'un nœud coulant, soit que les Gallois prennent la place, soit qu'elle soit secourue par les Normands; car les premiers voudraient avoir leur butin tout entier, et les autres ne te pardonneraient pas d'avoir mis la main sur le trésor de leur compatriote.

— Je n'en disconviens pas. Mais si j'étais disposé à me fier à toi quant à l'argent, pourquoi ne pas me rendre mes vaches? Elles sont entre vos mains, et à votre disposition. Si vous ne voulez rien m'accorder d'avance, que puis-je espérer de vous ensuite?

— Je t'accorderai bien volontiers tout ce qui sera raisonnable et possible, répondit le Gallois non moins méfiant; mais à quoi te servira d'avoir tes vaches dans cette place forte? Elles se trouveront bien mieux de paître sur la plaine.

— Sur ma foi! je crois que tu as raison; elles ne feraient que nous causer de l'embarras ici, vu la grande quantité de bestiaux que nous y avons déjà pour l'approvisionnement du château. Et cependant, en y réfléchissant mieux, nous avons assez de fourrage pour en nourrir un bien plus grand nombre: or, mes vaches sont d'une race particulière, que j'ai fait venir des riches pâturages de la Flandre, et je voudrais qu'elles me fussent rendues avant que vos haches galloises leur aient entamé le cuir.

Tu les auras ce soir cuir et cornes. Ce ne sont que de faibles arrhes d'une récompense bien plus ample.

— J'en remercie votre munificence. Je suis un homme tout simple, et tout mon désir est de recouvrer ce que j'ai perdu.

— Et tu seras prêt à nous livrer le château?

— Chut! chut! nous parlerons de cela demain. J'y réfléchirai. Si ces Anglais et ces Normands soupçonnaient un tel projet, nous ne nous en tirerions pas les mains nettes. Il faut que je les disperse avant de m'entretenir avec plus de détail sur cet objet. Maintenant, levez-vous subitement, allez-vous-en, et ayez l'air d'être mécontent du résultat de notre conversation.

— Je voudrais pourtant savoir quelque chose de plus positif.

— Impossible! impossible! Ne voyez-vous pas déjà ce grand coquin qui commence à manier son poignard? Partez vite; ayez l'air en colère, et n'oubliez pas les vaches.

— Je ne les oublierai pas, dit Jorworth; mais si tu nous manques de parole.....!

A ces mots il partit en faisant à Wilkin un geste de menace, tant pour lui inspirer de la crainte réellement que pour suivre son avis. Flammock lui répondit en anglais, comme s'il eût voulu que tous ceux qui étaient avec lui entendissent ce qu'il allait lui dire.

— Faites tout ce qu'il vous plaira, sire Gallois. Je suis un homme loyal, je méprise vos menaces; je ne rendrai pas le château; je le défendrai, à votre honte et à celle de votre maître. — Qu'on lui bande les yeux ! Qu'on le reconduise en sûreté hors des fortifications ! Le premier Gallois qui osera se présenter devant la porte de Garde-Douloureuse sera traité un peu plus sévèrement.

On banda les yeux à Jorworth et on l'emmena. Comme Wilkin Flammock allait sortir lui-même de la petite salle où cette entrevue venait d'avoir lieu, un des prétendus hommes d'armes qui y avaient assisté s'approcha de lui par-derrière, et lui dit à l'oreille en anglais : — Tu es un traître, Flamand, et tu mourras de la mort d'un traître !

Flammock se retourna en tressaillant. Il aurait voulu questionner cet homme, mais il était déjà disparu. Il fut déconcerté par cette circonstance, car il vit qu'un témoin suspect avait entendu sa conversation avec Jorworth, et que ses projets étaient connus ou soupçonnés par quelqu'un qui n'avait pas sa confiance, et qui pouvait le contrecarrer. Il ne tarda pas à apprendre la vérité.

CHAPITRE VI.

« Ah ! ne l'accusez pas de cette perfidie !
» Il en est innocent ; j'en reponds sur ma vie »
Ancienne comédie.

La fille du malheureux Raymond Bérenger, en descendant de la plate-forme d'où elle avait contemplé avec effroi le champ de bataille, éprouvait ce chagrin déchirant bien naturel à une fille qui venait de voir périr un père chéri et respecté. Mais sa situation dans le monde, et les principes de chevalerie dans lesquels elle avait été élevée, ne lui permettaient pas de s'abandonner long-temps à une inutile douleur. En élevant au rang de princesses, ou plutôt de déesses, les jeunes et aimables filles des nobles, l'esprit du temps exigeait d'elles en retour un caractère et une conduite souvent contraires aux sentimens purement humains. Les héroïnes ressemblaient fréquemment à des portraits placés sous un jour artificiel qui fait ressortir les objets sur lesquels il luit, mais dont l'éclat factice, comparé avec celui du jour naturel, semble éblouissant et exagéré.

L'orpheline de Garde-Douloureuse, la fille d'une race de héros qui se vantait de descendre de Thor, de Balder, d'Odin, et d'autres guerriers du Nord placés ensuite au rang des dieux, elle dont la beauté était célébrée par cent ménestrels, dont les yeux étaient l'étoile polaire de la moitié des belliqueux chevaliers des frontières du pays de Galles, n'avait pas le droit de pleurer son père comme une jeune villageoise. Jeune comme elle était, et quelque horrible que fût l'événement dont elle venait d'être témoin, il ne pouvait produire sur elle le même effet qu'il aurait produit sur une jeune fille dont les yeux n'auraient pas été accoutumés aux divertissemens guerriers et souvent sanglans de la chevalerie, qui n'aurait pas résidé dans un château où la guerre et la mort étaient les sujets les plus ordinaires de conversation. On n'aurait pu réclamer enfin cette espèce de stoïcisme d'une femme dont l'imagination n'aurait pas été familiarisée avec des scènes de carnage, et qui n'eût pas été habituée, dès son jeune âge, à estimer la mort des guerriers *sous le bouclier* comme plus honorable et plus désirable que celle qui s'approche à pas lents pour mettre fin sans gloire aux jours prolongés d'une vieillesse épuisée et inutile. Eveline, tout en pleurant son père, sentit son cœur s'exalter quand elle se rappela qu'il était mort au milieu de tout l'éclat de sa gloire, et sur les cadavres amoncelés des ennemis immolés par son glaive; ou si elle pensait aux embarras de sa situation, c'était avec la détermination de défendre sa liberté, et de venger son père par tous les moyens que le ciel avait laissés en son pouvoir.

Elle n'oublia pas d'appeler la religion à son aide, et, suivant l'usage du temps et la doctrine de l'église romaine, elle s'efforça de se rendre le ciel favorable par des vœux et par des prières. Dans un petit oratoire communiquant avec la chapelle, au-dessus d'un autel devant lequel une lampe brûlait nuit et jour, était un petit tableau représentant la sainte Vierge, et l'objet d'une vénération toute particulière dans la famille de Bérenger. Un de ses ancêtres l'avait apporté de la Terre-Sainte, où il avait été en pèlerinage. C'était une peinture grecque du temps du Bas-Empire, assez semblable à celles qui dans les pays catholiques sont souvent attribuées à l'évangéliste saint Luc. L'oratoire où était ce tableau jouissait d'une réputation de sainteté peu commune. On supposait même que des miracles s'y étaient opérés ; et Eveline, en l'ornant chaque jour de guirlandes de fleurs, et en accompagnant cette offrande des prières les plus ferventes, s'était mise sous la protection spéciale de Notre-Dame de Garde-Douloureuse, car tel était le nom qu'on avait donné à ce tableau.

Se dérobant à la compagnie de ses femmes, elle alla, seule et en secret, déposer ses chagrins aux pieds de l'image de sa protectrice. Elle supplia celle qui était la pureté même de défendre sa liberté et son honneur, et invoqua sa vengeance contre le chef farouche et sauvage qui avait tranché les jours de son père, et qui assiégeait alors sa place de sûreté. Non-seulement elle fit vœu de donner une étendue de terre considérable à l'image de la protectrice dont elle implorait l'assistance, mais encœur, malgré le tremblement de ses lèvres et une rébellion secrète de son cœur contre cette promesse solennelle, elle prononça même le serment d'accorder à quelque chevalier que ce fût envoyé par Notre-Dame de Garde-Douloureuse pour la délivrer, telle faveur qu'il lui demanderait honorablement, fût-ce même le don de sa main de vierge au pied de l'autel. Ayant appris à croire, par les assurances de maints chevaliers, que ce don était la plus haute faveur que le ciel pût accorder, elle pensa qu'elle acquittait une dette de reconnaissance en se mettant à la disposition de la pure et bienheureuse protectrice en qui elle plaçait toute sa confiance. Peut-être se cachait-il secrètement sous cette dévotion quelques espérances terrestres qu'elle s'avouait à peine à elle-même, et qui lui rendaient moins pénible le sacrifice qu'elle faisait. Cet espoir flatteur pouvait lui insinuer tout bas que la vierge Marie, la meilleure et la plus bienveillante des protectrices, userait avec indulgence du pouvoir sans bornes qu'elle venait de lui donner sur elle, et que le champion que favoriserait la sainte Vierge serait un chevalier à qui son humble servante pourrait accorder volontiers une si grande faveur.

Mais si son cœur concevait une telle espérance (car un peu d'intérêt personnel se mêle souvent à nos émotions les plus nobles et les plus pures), elle s'y glissait à l'insu d'Eveline, qui, dans la plénitude de sa foi, fixait sur l'image sainte des yeux exprimant les plus vives supplications et la plus humble confiance. Quelques larmes mouillaient ses paupières malgré elle ; peut-être en ce moment elle était plus belle encore qu'elle ne l'avait paru quand elle avait été choisie pour présenter le prix au vainqueur d'un tournoi dans les lices de Chester.

Qui pourrait donc être surpris que, dans un moment où sa sensibilité était excitée au plus haut degré, et où elle était religieusement prosternée devant un être capable, croyait-elle, non-seulement de la protéger, mais encore de l'assurer de cette protection par un signe visible, Eveline crût voir l'image si révérée faire un geste de la tête pour accepter son vœu ? Tandis qu'elle contemplait le tableau avec enthousiasme, l'expression de l'image créée par le pinceau grossier d'un artiste byzantin sembla changer tout à coup ; ses yeux parurent s'animer, et répondre à ces ferventes prières par un regard de compassion ; Eveline crut voir un sourire d'une douceur inexprimable ; et il lui sembla même que la tête s'était inclinée.

Saisie d'un respectueux étonnement en voyant des signes dont sa foi ne lui permettait pas de mettre en doute la réalité, Eveline croisa les bras sur son sein, et se prosterna le visage contre terre pour écouter les communications du ciel.

Mais le miracle n'alla pas si loin ; elle n'entendit aucune voix, aucun son, et quand, après avoir jeté autour d'elle un coup d'œil à la dérobée, elle leva les yeux sur l'image de la Vierge, ses traits lui parurent tels que le peintre les avait tracés, tels qu'elle les avait vus jusqu'alors, mais peut-être avec une expression auguste et gracieuse qu'elle n'y avait jamais remarquée. Pleine d'une religieuse crainte, mais consolée et fortifiée par sa vision, Eveline répéta plusieurs fois les prières qu'elle crut devoir être les plus agréables à sa bienfaitrice, et, se levant enfin, elle se retira avec respect, comme si elle eût quitté la présence d'un souverain, et rentra dans la chapelle.

Là deux femmes étaient encore agenouillées devant les saints que les murailles et les niches présentaient à leur vénération; mais les autres individus qui étaient venus leur porter les vœux de la terreur avaient trop de vives inquiétudes pour faire de longues prières, et s'étaient dispersés dans le château, les uns pour apprendre des nouvelles de ce qui se passait au-dehors, et les autres pour chercher à obtenir quelques rafraîchissemens, ou du moins pour se procurer un abri où leur famille pût goûter quelque repos.

Inclinant la tête, et prononçant une prière à voix basse devant l'image de chaque saint près duquel elle passait, car la présence du danger ajoute toujours à la dévotion, Eveline s'avançait vers la porte de la chapelle, quand un homme d'armes, ou du moins un homme qui en portait l'armure, y entra précipitamment, et appela lady Eveline d'une voix plus haute que ne l'eût permis la sainteté de ce lieu dans un cas moins critique. Encore absorbée par les sentimens religieux qui venaient de remplir son cœur, elle s'apprêtait à réprimander cette indiscrétion militaire, quand cet homme s'approcha d'elle, et lui dit à la hâte d'un ton inquiet: — Ma fille, nous sommes trahis! Malgré la cotte de maille qui le couvrait, et quoique tout son extérieur fût celui d'un soldat, Eveline reconnut la voix du père Aldrovand, qui détacha son casque au même instant.

— Que signifie cela, mon père? lui dit-elle; avez-vous oublié cette confiance en Dieu que vous aviez coutume de recommander? Avez-vous dessein d'employer contre nos ennemis d'autres armes que celles de votre ordre?

— Cela peut m'arriver avant qu'il soit long-temps, répondit le père Aldrovand; j'étais soldat avant d'être moine. Mais, en ce moment, si je me suis couvert de cette armure, c'était pour découvrir la trahison, et non pour résister à la force. Ah! ma chère fille! que de dangers nous environnent! Des ennemis au-dehors, des traîtres au-dedans; ce perfide Flamand, Wilkin Flammock, est en traité pour la reddition du château.

— Qui ose parler ainsi? s'écria une femme voilée, à genoux dans un coin retiré de la chapelle, mais qui, se levant précipitamment, vint se placer hardiment entre Eveline et le moine.

— Retirez-vous, jeune impertinente, dit le père Aldrovand, surpris de cette interruption audacieuse; l'affaire dont nous parlons ne vous concerne pas.

— Elle me concerne plus que personne, répondit-elle; et, rejetant son voile en arrière, elle découvrit les traits de Rose Flammock, fille de Wilkin. Ses yeux étincelans de colère et sa vive rougeur formaient un contraste singulier avec son teint blanc et ses traits presque enfantins; car sa figure et sa taille étaient celles d'une jeune fille à peine sortie de l'enfance; et ses manières, ordinairement douces et timides, annonçaient en ce moment l'emportement et l'audace. — Quand on souille l'honneur de mon père du reproche de trahison, ajouta-t-elle, cela ne me concerne-t-il pas? Quand on trouble la source, cela ne concerne-t-il pas le ruisseau? Je vous dis que je veux connaître l'auteur de cette calomnie.

— Jeune fille, dit Eveline, réprimez ce courroux

inutile. Le père Aldrovand ne peut avoir intention de calomnier votre père, et il est possible qu'il ait été trompé par un faux rapport.

— Aussi vrai que je suis un prêtre indigne, s'écria le moine, je parle d'après le rapport de mes propres oreilles. Sur le serment que j'ai prêté en entrant dans mon ordre, je déclare que j'ai entendu Wilkin Flammock traiter avec le député gallois des conditions auxquelles il livrerait le château. A l'aide de ce casque et de cette cotte de mailles, je me suis introduit dans la salle où se tenait la conférence, et où le traître croyait qu'il ne se trouvait pas une oreille anglaise. Ils parlaient flamand pour plus de sûreté ; mais je connais ce jargon depuis long-temps.

— Le flamand n'est pas un jargon, s'écria la jeune fille courroucée, que son impétuosité porta à repousser d'abord la dernière injure. Ce n'est pas un jargon comme votre anglais bigarré, moitié normand, moitié saxon. C'est une noble langue gothique, que parlaient les guerriers qui résistèrent aux Césars romains, quand les Anglais courbaient la tête sous leur joug. Et quant à ce qu'il vient de dire de Wilkin Flammock, continua-t-elle avec un peu plus d'ordre dans ses idées à mesure qu'elle parlait, n'en croyez rien, ma chère maîtresse, et de même que vous prisez l'honneur de votre noble père, fiez-vous à l'honnêteté du mien comme aux quatre évangélistes.

Elle parlait ainsi d'un ton suppliant, et sa voix était entrecoupée de sanglots, comme si son cœur allait se briser.

Eveline voulut tenter de la calmer. — Rose, lui dit-elle, dans un temps aussi malheureux, le soupçon s'attache sur l'homme qui mérite le moins d'y être exposé, et des malentendus peuvent s'élever entre les meilleurs amis. Écoutons ce que le bon père peut avoir à alléguer contre Flammock; vous ne devez pas douter que je n'écoute également ensuite la défense de votre père. Vous aviez coutume d'être docile et raisonnable.

— Je ne saurais être ni tranquille ni raisonnable dans une pareille affaire, s'écria Rose, dont l'indignation redoublait à chaque instant; et il est fort mal à vous d'écouter les calomnies de ce révérend masque, qui n'est ni vrai prêtre, ni vrai soldat. Mais je vais chercher quelqu'un qui le regardera en face, qu'il porte un casque ou un capuchon.

A ces mots elle sortit à la hâte de la chapelle, et le moine, après quelques circonlocutions pédantesques, informa Eveline de tout ce qui s'était passé entre Wilkin et Jorworth, et finit par lui proposer de réunir le petit nombre d'Anglais qui se trouvaient au château, et et de se mettre en possession de la grande tour carrée, bâtiment situé au centre de tous les châteaux gothiques à l'époque de la conquête des Normands. Il était possible de s'y défendre encore avec succès, même quand l'ennemi était maître du reste de la place.

Mon père, dit Eveline, forte de la confiance que sa vision lui avait inspirée, ce conseil serait bon à suivre à la dernière extrémité; mais, en ce moment, agir ainsi, ce serait risquer de faire naître le mal même que nous craignons, en semant la division et la méfiance dans notre faible garnison. J'ai une ferme confiance, mon père, et ce n'est pas sans de bonnes raisons, en notre bienheureuse Dame de Garde-Douloureuse. Je compte sur sa protection pour nous venger de nos barbares ennemis, et nous tirer de notre situation dangereuse ; je vous prends à témoin du vœu que j'ai fait de ne rien refuser au chevalier que Notre-Dame emploiera à notre délivrance, me demandât-il l'héritage de mon père ou la main de sa fille.

— *Ave, Maria! Ave, regina cœli!* dit le prêtre; vous ne pouviez placer votre confiance sur un roc dont la base fût plus solide. Mais, ma fille, continua-t-il après cette exclamation, n'avez-vous jamais appris qu'il a existé un traité pour votre main entre votre honorable père, dont nous avons été si cruellement privés (Dieu fasse paix à son ame!) et la noble maison de Lacy?

— J'en ai entendu dire quelque chose, répondit Eveline en baissant les yeux, et avec une légère rougeur; mais je me suis mise à la disposition de Notre-Dame de Secours et de Consolation.

Elle finissait à peine ces mots, quand Rose rentra dans la chapelle avec autant de précipitation qu'elle en était sortie, tenant par la main son père, dont la démarche indolente, quoique ferme, formait le plus frappant contraste avec la vivacité des mouvemens de sa fille et son air animé. Rose et son père auraient pu rappeler au spectateur un de ces anciens monumens sur lesquels un petit chérubin, d'une taille peu proportionnée à sa tâche, est représenté comme enlevant vers l'empyrée le corps d'un mortel dont le poids et l'embonpoint paraissent devoir rendre infructueux les efforts bienveillans de son guide ailé.

— Roschen, mon enfant, qu'avez-vous donc? dit le Flamand en cédant à la violence de sa fille avec un sourire paternel qui avait plus d'expression que le sourire insignifiant qu'on voyait presque toujours sur ses lèvres.

— Voici mon père! dit la jeune fille impatiente. Qu'on l'accuse de trahison maintenant, si on le peut ou si on l'ose! Voici Wilkin Flammock, fils de Diéterick, marchand mercier d'Anvers. Que ceux qui le calomniaient en son absence l'accusent maintenant en face!

— Parlez, père Aldrovand, dit Eveline. Je suis encore bien jeune pour remplir les devoirs de dame châtelaine, et le ciel me les a imposés dans un moment bien fatal; mais, avec l'aide de Dieu et de Notre-Dame, nous écouterons votre accusation avec impartialité, et nous la jugerons avec justice.

— Ce Wilkin Flammock que voici, dit le moine, quelque endurci qu'il soit dans le crime, n'osera nier que je ne l'aie entendu de mes propres oreilles traiter des conditions de la reddition du château.

— Frappez-le, mon père! s'écria Rose avec indignation; frappez-le tandis qu'il est déguisé! S'il est défendu de toucher le froc du moine, il est permis de frapper la cotte de mailles du soldat. Frappez-le, vous dis-je, ou du moins dites-lui qu'il ment par la gorge.

— Paix, Roschen, tu es folle, dit son père en fronçant le sourcil. Il y a plus de vérité que de bon sens dans ce moine, et je voudrais que ses oreilles eussent été bien loin, quand il a entendu ce qui ne le regardait pas.

Rose changea de visage en entendant son père avouer ouvertement la trahison dont il était accusé, et dont elle l'avait cru incapable. Elle laissa échapper la main qu'elle lui avait prise pour l'amener dans la chapelle; son visage pâlit, comme si le sang, qui lui avait donné des couleurs si vives quelques instans auparavant, l'avait abandonné pour se retirer vers son cœur.

Eveline regarda le coupable avec un air de douceur, de chagrin et de dignité. — Wilkin, lui dit-elle, je n'aurais jamais pu le croire. Quoi! le jour même de la mort de ton bienfaiteur, tu trahis la confiance qu'il t'avait accordée, et tu marchandes avec ses meurtriers les conditions auxquelles tu leur livreras ce château! Mais je ne te ferai pas de reproches. Je te retire ma confiance, dont tu n'étais pas digne, et j'ordonne que tu sois gardé dans la tour de l'ouest jusqu'à ce qu'il plaise à Dieu de nous envoyer du secours. Alors mon amitié pour ta fille me fera peut-être oublier ton crime, et t'épargnera un autre châtiment. — Soumettez-vous sur-le-champ à mes ordres!

— Oui! oui! oui! s'écria Rose, pressant ces trois monosyllabes l'un sur l'autre avec autant de vitesse qu'elle put les articuler; partons! Rendons-nous dans le plus noir des cachots! Les ténèbres nous conviennent mieux que la lumière.

Le moine, voyant que Flammock ne faisait pas un mouvement pour obéir au mandat d'arrêt qui venait d'être prononcé contre lui, s'avança d'une manière plus convenable à son ancienne profession ou à son déguisement actuel qu'à son ministère spirituel, et lui dit : — Wilkin Flammock, je t'arrête pour cause de trahison avouée envers ta dame suzeraine, et il étendit le bras pour lui appuyer la main sur l'épaule; mais le Flamand, faisant un pas en arrière, le repoussa par un geste menaçant et déterminé:

— Vous êtes fou, dit-il avec sang-froid. Vous autres

Anglais, vous devenez fous, tous tant que vous êtes, quand la lune est dans son plein, et ma pauvre fille a gagné votre maladie. Milady, votre honorable père m'a confié le commandement de ce château; je l'exercerai de la manière que je jugerai la plus utile pour tous ceux qui l'habitent, et, comme vous êtes mineure, vous ne pouvez m'en priver à votre bon plaisir. Père Aldrovand, un moine ne peut légalement mettre à exécution un mandat d'arrêt. Roschen, tenez-vous en repos, et essuyez-vous les yeux. Vous êtes folle!

— Oui, je le suis, s'écria Rose en essuyant ses larmes, et en reprenant toute la confiante vivacité de son caractère. Oui, je suis folle et plus que folle, puisque j'ai pu douter un instant de l'intégrité de mon père. Fiez-vous à lui, ma chère maîtresse; il est fidèle, avec toute sa froideur; il est bon, quoiqu'il ne sache pas faire de beaux discours. S'il était coupable de trahison, je me chargerais de l'en punir, car je me précipiterais du haut de la grande tour dans le fossé, et il perdrait sa fille pour avoir trahi sa maîtresse.

— Tout cela est du délire! s'écria le moine; qui peut se fier à un traître avouant sa trahison? A moi, Anglais et Normands! Au secours! Venez au secours de votre maîtresse! Préparez vos arcs, vos arbalètes, vos...

— Réservez votre haleine pour votre prochaine homélie, révérend père, dit Flammock; ou du moins criez en bon flamand, puisque vous connaissez cette langue; car ceux qui peuvent vous entendre d'ici ne répondront à aucun autre.

Il s'approcha alors d'Eveline avec un air d'intérêt dont il était difficile de deviner la sincérité, et, la saluant avec autant de politesse qu'il lui était possible d'en montrer, il lui souhaita le bonsoir, en l'assurant qu'il ferait pour le mieux.

Le moine allait encore s'emporter contre lui; mais Eveline, plus prudente, lui dit de modérer son zèle. J'espère encore, ajouta-t-elle, que cet homme n'a que de bonnes intentions...

— Que ces paroles fassent descendre sur vous la bénédiction du ciel, ma chère maitresse! s'écria vivement Rose en lui baisant la main.

— Mais si malheureusement il chancelle dans son devoir, continua Eveline, ce n'est point par des reproches que nous l'y affermirons. Père Aldrovand, ayez l'œil sur les préparatifs de défense, et veillez à ce qu'on ne néglige aucun des moyens qui nous restent pour résister à nos ennemis.

— Ne craignez rien, ma chère fille, répondit le moine; il est encore parmi nous quelques cœurs anglais. Nous tuerons et nous mangerons les Flamands avant de rendre le château.

— Cette nourriture serait aussi dangereuse que la chair d'ours, mon père, s'écria Rose avec amertume, irritée de nouveau en entendant le moine soupçonner et insulter ses compatriotes.

Ils se séparèrent, — les deux jeunes personnes pour aller se livrer en secret à leurs craintes et à leurs chagrins, ou pour les calmer par des exercices de dévotion; — le moine pour tâcher de découvrir les intentions véritables de Wilkin Flammock, et chercher à déjouer la trahison. Cependant, malgré toute la clairvoyance de ses yeux guidés par le soupçon, il ne vit rien qui pût ajouter à ses inquiétudes, si ce n'est que le Flamand, avec beaucoup d'habileté militaire, avait confié à ses compatriotes la garde des postes les plus importans du château, ce qui rendait difficile et dangereux de le priver de l'autorité qu'il exerçait. Les devoirs pieux de l'office du soir obligèrent enfin le prêtre à descendre des murailles, mais ce fut en se promettant de s'y trouver le lendemain à la pointe du jour.

CHAPITRE VII.

> « Du soleil les tristes rayons
> » Des murs du château fort doraient chaque volute.
> » Et les tours et les bastions
> » Semblaient, en tressaillant, en présager la chute »
>
> *Ancienne ballade.*

Fidèle à sa résolution, et disant son chapelet chemin faisant pour ne pas perdre de temps, le père Aldrovand commença sa ronde dans le château dès que le premier rayon de l'aurore parut sur l'horizon. Un instinct naturel le porta d'abord à visiter les étables où l'on plaçait ordinairement les bestiaux destinés à la consommation du château, et qui auraient dû en être remplies, si le château eût été bien approvisionné pour un siège. Quelle fut sa surprise en voyant une vingtaine de belles vaches dans une étable qu'il avait vue vide la veille ! Une d'entre elles avait déjà été abattue, et deux Flamands, qui, en cette occasion, remplissaient les fonctions de bouchers, en dépeçaient la chair pour la remettre au cuisinier. Le bon père aurait volontiers crié au miracle, mais il retint l'exclamation prête à lui échapper dans le transport de sa joie, et se borna à rendre graces à Notre-Dame de Garde-Douloureuse.

— Qui peut craindre de manquer de provisions maintenant? dit-il; qui peut parler de se rendre? Voilà de quoi nous maintenir jusqu'à l'arrivée d'Hugues de Lacy, quand il devrait partir de Chypre pour venir à notre secours. J'avais résolu de jeûner ce matin, tant par dévotion que pour ménager les vivres; mais il ne faut pas mépriser les bienfaits que nous accordent les saints. Sire cuisinier, faites-moi griller quelques tranches de cette chair, et dites au pannetier de me préparer un *manchet* (1), et au sommelier une bouteille de vin: je prendrai mon déjeuner en courant, quand j'aurai visité les murailles du côté de l'occident.

C'était le point le plus faible du château de Garde-Douloureuse, et le bon père y trouva Wilkin Flammock occupé à prendre les mesures les plus sages pour le mettre en état de défense. Il l'aborda avec courtoisie, le félicita sur les approvisionnemens qui étaient arrivés pendant la nuit, et lui demanda comment on avait été assez heureux pour pouvoir y faire entrer ces bestiaux malgré les assiégeans. Wilkin saisit la première occasion de l'interrompre.

— Nous en parlerons une autre fois, révérend père, lui dit-il; mais en ce moment, et avant qu'il soit question d'aucune autre chose, je voudrais vous consulter

(1 Espèce de petit pain fait de la plus pure farine. — ÉD

sur une affaire qui inquiète ma conscience, et qui intéresse mes affaires temporelles.

— Parlez, mon fils, parlez, répondit le père Aldrovand, espérant que cet entretien pourrait le conduire à connaître les véritables intentions de Wilkin. Ah! une conscience timorée est un joyau sans prix! celui qui ne l'écoute pas quand elle lui dit : — Verse tes doutes dans l'oreille d'un prêtre, — verra un jour ses cris étouffés par des torrens de feu et de soufre. Tu as toujours eu la conscience timorée, mon fils Wilkin, quoique tu aies l'écorce rude et grossière.

— Eh bien donc, mon père, dit Flammock, il faut que vous sachiez que j'ai pris quelques arrangemens avec mon voisin Jean Vanwelt, relativement à ma fille, et qu'il m'a compté un certain nombre de *guilders* (1), à condition que je la lui donnerai en mariage.

— Bah! bah! bah! s'écria le moine, trompé dans son attente; cette affaire n'est pas pressée; ce n'est pas le moment de parler de mariage, quand nous sommes peut-être sur le point d'être tous tués.

— Écoutez-moi jusqu'au bout, révérend père; ce point de conscience a plus de rapport que vous ne pensez à l'affaire en question. Il est bon que vous sachiez que je n'ai nulle envie de donner Rose audit Vanwelt, qui est vieux et mal portant; et je voudrais savoir de vous si je puis en conscience retirer mon consentement.

— Il est vrai que Rose est une fort jolie fille, quoiqu'un peu vive. Oui, je crois que vous pouvez, en

(1) Pièces d'or. — Éd.

toute sûreté de conscience, retirer votre consentement, pourvu que vous rendiez les guilders, bien entendu.

— Oui, mais c'est là que le bât me blesse, bon père Si je rends cet argent, je me trouve réduit à la misère la plus profonde. Les Gallois ont détruit tout ce que je possédais, et cette poignée de guilders est tout ce qui me reste pour tâcher de me frayer un nouveau chemin dans le monde.

— Et cependant, mon fils, il faut rendre l'argent, ou tenir votre promesse ; car que dit le texte saint ? *Quis habitabit in tabernaculo ? Quis requiescet in monte sancto ?* c'est-à-dire, Qui habitera dans le tabernacle ? Qui montera sur la montagne sainte ? Faites attention à la réponse : *Qui jurat proximo, et non decipit.* C'est celui qui tient la parole qu'il a donnée à son prochain. Croyez-moi, mon fils ; que l'amour d'un vil lucre ne vous fasse pas manquer à votre promesse. Il vaut mieux avoir l'estomac vide et le ventre affamé, avec une bonne conscience, que de se bien nourrir de manque de foi et d'iniquité. Voyez notre feu maître, puisse son ame être dans le séjour de la paix ! il a préféré périr dans un combat inégal, en vrai chevalier, plutôt que de devoir la vie à un parjure, quoique ce ne fût que le verre à la main qu'il eût fait une promesse inconsidérée au prince gallois.

— Hélas ! voilà précisément ce que je craignais, mon bon père ! il faut donc que nous ouvrions les portes du château à Gwenwyn, ou que je rende au Gallois Jorworth les bestiaux que j'ai eu l'adresse de me procurer pour approvisionner le château et nous donner le moyen de le défendre.

— Comment? quoi? que veux-tu dire? s'écria le moine fort surpris; je parle de Rose Flammock, de guilders, et de Jean Van..... Van diable, n'importe son nom, et tu viens y mêler des châteaux, des bestiaux, et je ne sais quoi encore!

— Sauf votre bon plaisir, révérend père, je vous parlais en parabole. Le château est ma fille, dont je vous ai dit que j'avais promis la main; le Gallois Jorworth est mon voisin Jean Vanwelt; et les bestiaux sont les guilders que je vous ai dit avoir reçus, car il me les a envoyés d'avance, comme un à-compte sur la récompense qu'il m'a promise.

— Parabole! s'écria le moine rougissant de colère du tour qui lui avait été joué; est-ce qu'un homme de ta sorte doit s'aviser de parler en parabole? Mais je te pardonne, oui, je te pardonne.

— Ainsi donc, d'après votre avis, il faut que j'ouvre les portes du château au Gallois, ou que je lui rende les bestiaux?

— Rends plutôt ton ame à Satan! répliqua le père Aldrovand.

— Je crains que ce ne doive être l'alternative; car, comme vous le disiez tout à l'heure, l'exemple de feu notre honorable maître...

— L'exemple d'un honorable fou! s'écria le moine; mais, s'interrompant tout à coup, il ajouta : — Que Notre-Dame protège son serviteur! l'astuce de ce cerveau belge me fait oublier ce que je dois dire.

— Et puis le texte que Votre Révérence vient de me citer.....

— Le texte! As-tu la présomption de vouloir interprêter un texte? Ne sais-tu pas qu'il est écrit que la lettre tue, et que l'esprit vivifie? Tu es comme un malade qui, allant trouver un médecin, lui cache la moitié des symptômes du mal dont il est attaqué. Je te dis, fou de Flamand, que le texte parle des promesses faites à des chrétiens; mais il y a dans la rubrique une exception spéciale à l'égard de celles qui sont faites à des Gallois.

En entendant ce commentaire, Flammock ouvrit sa large bouche comme prêt à rire aux éclats. Un mouvement sympathique en fit faire autant au père Aldrovand, et il ajouta :

— Allons, allons, je vois ce que c'est; tu as voulu te venger des soupçons que j'avais conçus sur ta fidélité, et je dois convenir que ta vengeance a été assez ingénieuse. Mais pourquoi ne m'avoir pas mis dans le secret? C'est ta méfiance qui est cause que j'ai eu des doutes sur ta bonne foi.

— Quoi! était-il possible que je songeasse à impliquer Votre Révérence dans une affaire où il s'agissait d'un peu de fourberie? Dieu m'a fait la grace de me donner un peu plus de bon sens. Écoutez! j'entends le cor de Jorworth à la porte.

— Il en sonne comme un bouvier qui rappelle ses vaches, dit le père Aldrovand avec mépris.

— Le bon plaisir de Votre Révérence n'est donc pas que je lui rende son bétail? demanda le Flamand.

— Je vais te dire ce qu'il lui faut. Fais monter sur les murs un tonneau d'eau bouillante, et jette-la-lui sur la tête, de manière à faire tomber le poil de la peau de chèvre qui le couvre. Tu y tremperas d'abord le bout du doigt pour voir si l'eau est assez chaude. C'est la pénitence que je t'impose pour le tour que tu m'as joué.

Flammock lui répondit par un regard d'intelligence, et ils se rendirent ensemble à la porte extérieure du château où Jorworth était arrivé seul. Se plaçant devant le guichet, mais sans l'ouvrir, et, lui parlant à travers une étroite ouverture pratiquée à cet effet, Wilkin demanda au Gallois quelle affaire l'amenait.

— Je viens prendre possession du château, conformément à tes promesses.

— Oui-dà? Et tu viens seul pour une telle besogne?

— Non, sur ma foi, j'ai une soixantaine d'hommes là-bas derrière ces buissons.

— Eh bien! je te conseille de les emmener promptement, avant que nos archers fassent pleuvoir sur eux une grêle de flèches.

— Comment, scélérat! N'as-tu pas dessein de tenir ta parole!

— Je ne t'en ai donné aucune; je t'ai seulement dit que je réfléchirais à tes propositions. J'y ai réfléchi; je les ai communiquées à mon père spirituel, qui est à mon côté, et il m'a défendu de les accepter.

— Et comptes-tu garder les bestiaux que j'ai eu la simplicité de t'envoyer, me fiant à ta bonne foi?

— Je l'excommunie et je le livre à Satan, s'écria le moine, dont l'impatience ne put attendre la réponse tardive du flegmatique Flamand, s'il en rend cuir, poil ou corne à des Philistins incirconcis, tels que toi et ton maître.

— Fort bien, messire prêtre, répliqua Jorworth d'un

ton courroucé; mais fais-y bien attention, et ne compte pas sur ton froc pour te servir de rançon! Quand Gwenwyn aura pris ce château, qui ne protégera pas bien long-temps d'infâmes traîtres comme vous, je vous ferai coudre tous deux dans la peau d'une de ces vaches pour lesquelles ton pénitent est parjure, et je vous ferai porter dans un endroit où vous n'aurez pour compagnons que les aigles et les loups.

Tu accompliras ta volonté quand tu pourras, répondit le Flamand sans s'émouvoir.

—Traître de Gallois! s'écria en même temps le moine plus irascible, nous te défions à ta barbe. J'espère voir les chiens ronger tes os avant le jour dont tu parles avec tant d'arrogance.

Pour toute réponse, Jorworth fit brandir sa javeline, et la lança avec autant de force que de dextérité contre le guichet. Elle passa à travers l'étroite ouverture en sifflant aux oreilles du moine et du Flamand, mais heureusement sans les atteindre. Le premier recula en tressaillant; le second se retourna pour regarder la javeline, dont le fer s'était enfoncé dans la porte de la salle de garde où il avait reçu Jorworth la veille, et il dit avec le plus grand sang-froid : —Bien visé, mais bien manqué.

Dès l'instant qu'il eut lancé son dard, Jorworth se hâta de courir à l'embuscade, et il donna à ses compagnons le signal et l'exemple d'une prompte retraite. Le père Aldrovand les aurait volontiers fait suivre par une volée de flèches; mais Flammock lui fit observer que les munitions étaient trop précieuses pour les prodiguer ainsi contre quelques fuyards. Peut-être se souvint-il qu'ils ne s'étaient exposés à recevoir un tel salut que d'après l'espèce d'assurance qu'il avait donnée à Jorworth.

Quand le bruit de la retraite précipitée des Gallois eut cessé de se faire entendre, il y succéda un silence profond, parfaitement d'accord avec le calme et la fraîcheur de cette heure de la matinée.

— Cela ne durera pas long-temps, dit Wilkin avec un ton sérieux et prophétique qui alla au cœur du bon père.

— Non, cela ne durera pas, cela ne peut durer, répondit Aldrovand; nous devons nous attendre à une vive attaque. Je ne m'en inquiéterais guère si le nombre de nos ennemis n'était pas si considérable et celui de nos soldats si petit. Nos murs ont une grande étendue, et l'obstination de ces monstres incarnés est presque égale à leur fureur. Mais nous ferons de notre mieux. Je vais trouver lady Eveline; il faut qu'elle se montre sur les murailles. Elle est plus belle qu'il ne convient à un homme qui porte mon habit de le remarquer, et elle a quelque chose de l'esprit élevé de son père. Sa vue et ses discours inspireront un double courage à chacun de nos soldats à l'heure du danger.

— Cela est possible, dit Flammock. Et moi, je vais leur faire servir le bon déjeuner que j'ai donné ordre d'apprêter. Il donnera plus de force à mes Flamands que ne le ferait la vue des onze mille vierges rangées en bataille; puissent-elles intercéder pour nous!

CHAPITRE VIII.

> « De leur seigneur héréditaire
> » Ce fut alors que levant la bannière
> » Ils obéirent à la voix
> » Du commandant dirigeant leurs exploits
> » Quel était ce chef? Une femme,
> » Miracle de son sexe et dont la noble ardeur
> » Embrasait d'une égale flamme
> » Le dernier des vassaux du malheureux seigneur »
>
> WILLIAM STEWART ROSE

LE disque du soleil paraissait à peine au-dessus de l'horizon, quand Eveline Bérenger, suivant l'avis du père Aldrovand, fit sa ronde sur les murailles du château assiégé, pour animer d'un nouveau courage le cœur des braves, et inspirer l'espoir et la confiance aux esprits plus timides. Elle portait un riche collier et de superbes bracelets, ornemens qui indiquaient son rang et sa naissance. Sa tunique, suivant l'usage du temps, était assujettie autour de sa taille svelte par une ceinture brodée en pierres précieuses et attachée par une grande boucle d'or. D'un côté de sa ceinture était suspendue une espèce de poche ou de bourse, brodée à l'aiguille, et de l'autre on voyait un petit poignard, d'un travail admirable. Une mante noire, qu'elle avait choisie comme emblème de sa mauvaise fortune, flottait négligemment autour d'elle, et le capuchon en était placé sur sa tête de manière à voiler à demi ses beaux traits, sans les cacher. Ses yeux avaient perdu le feu d'enthousiasme qu'y avait allumé sa vision supposée; mais ils conservaient un caractère de mélancolie, de douceur et de résolution. En s'adressant aux soldats, elle employa tour à tour les ordres et les prières, tantôt implorant leur protection, tantôt leur demandant le juste tribut de leur allégeance.

La garnison, selon les règles de l'art militaire, était divisée en petites bandes sur les points les plus exposés et sur ceux d'où l'on pouvait le plus facilement inquiéter l'ennemi lors d'une attaque. C'était cette séparation inévitable des forces du château en petits détachemens qui faisait sentir le désavantage de la grande étendue des murs, comparée au nombre de leurs défenseurs; et, quoique Wilkin Flammock eût imaginé divers moyens pour dissimuler à l'ennemi son infériorité à cet égard, il ne pouvait la déguiser à ses propres soldats, qui jetaient de tristes regards sur des fortifications où il ne se trouvait que quelques sentinelles çà et là, tandis que s'ils portaient les yeux sur le fatal champ de bataille, ils y voyaient les corps de ceux qui auraient dû être leurs compagnons en cette heure de péril.

La présence d'Eveline contribua beaucoup à tirer la

garnison de cet état de découragement. Elle alla de poste en poste, et d'une tour à l'autre, comme un rayon de lumière qui, passant sur une vallée plongée dans l'obscurité, en dore successivement tous les points. La douleur et la crainte sont des sentimens qui prêtent quelquefois de l'éloquence. En s'adressant aux soldats de diverses nations qui composaient sa petite garnison, elle fit entendre à chacun d'eux le langage qui lui convenait. Elle parla aux Anglais comme aux enfans du sol; aux Flamands, comme à des hommes à qui l'hospitalité avait accordé les droits de citoyen; aux Normands, comme aux descendans de cette race victorieuse de héros que leur épée avait rendus maîtres et souverains de tous les pays où ils en avaient essayé la trempe. C'était à eux qu'elle parlait le langage de la chevalerie, d'après les principes de laquelle le Normand le plus obscur affectait de diriger toutes ses actions, tandis qu'elle rappelait aux Anglais leur franchise et leur bonne foi, aux Flamands la destruction de leurs propriétés et la perte des fruits d'une honorable industrie. Enfin elle recommandait à tous la confiance en Dieu et en Notre-Dame de Garde-Douloureuse, et elle se hasardait à les assurer que des troupes nombreuses et souvent victorieuses étaient déjà en marche pour les secourir.

— Les vaillans champions de la croix, disait-elle, voudront-ils quitter leur pays natal, quand le vent porte à leurs oreilles les gémissemens des veuves et des orphelins? Ce serait changer leur pieux projet en un péché mortel, et déroger à la renommée qu'ils se sont si noblement acquise. Oui, combattez avec courage, et peut-être avant que le soleil se plonge dans le sein des mers de l'occident vous le verrez briller sur les troupes belliqueuses de Chester et de Shrewsbury. N'avez-vous pas toujours vu les Gallois prendre la fuite quand ils entendent le son de leurs trompettes, et qu'ils voient leurs bannières flotter au gré du vent? Combattez vaillamment; le château est bien fortifié, nous ne manquons pas de munitions, vos cœurs sont pleins de bravoure, vos bras sont robustes. Combattez donc au nom de tout ce qu'il y a de plus saint, combattez pour vous, pour vos épouses, pour vos enfans, pour vos propriétés, et combattez aussi pour une orpheline, qui n'a en ce moment d'autres défenseurs que ceux qu'un sentiment de compassion et le souvenir de son père peuvent lui susciter.

De tels discours produisaient une vive impression sur ceux à qui ils étaient adressés, et que l'habitude avait déjà endurcis contre tous les dangers. Les Normands, animés par leurs idées chevaleresques, juraient de mourir jusqu'au dernier avant d'abandonner leurs postes. Les Anglo-Saxons s'écriaient que ce serait une honte de livrer aux loups gallois un agneau comme Eveline, tant qu'ils pourraient lui faire un boulevart de leurs corps; une étincelle de l'enthousiasme général s'insinua même dans le cœur des froids Flamands. Ils se faisaient l'un à l'autre l'éloge de la beauté de la jeune châtelaine, et se communiquaient en peu de mots leur ferme résolution de la défendre de tout leur pouvoir.

Rose Flammock, qui, avec deux femmes attachées au service de sa maîtresse, l'accompagnait dans sa ronde autour du château, semblait avoir retrouvé son caractère naturel de retenue et de timidité, oublié un moment la veille quand elle avait appris de quels soupçons le prêtre flétrissait son père. Elle suivait Eveline pas à pas, quoiqu'à une distance respectueuse, et écoutait ce qu'elle disait de temps en temps avec l'air d'admiration d'un enfant docile, tandis que ses yeux humides exprimaient éloquemment qu'elle sentait toute l'étendue du danger, et qu'elle comprenait toute la force des discours de sa maîtresse. Il y eut pourtant un moment où les yeux de la jeune Rose brillèrent d'un nouveau feu ; sa démarche annonça plus de confiance, et ses regards prirent plus de hardiesse. Ce fut quand elle approcha de l'endroit où son père, après avoir donné ses ordres sur tous les points, en commandant habile, s'acquittait des fonctions d'ingénieur en faisant établir un énorme mangonneau, machine de guerre dont on se servait alors pour lancer de grosses pierres, sur un endroit qui commandait l'entrée d'une poterne conduisant du château dans la plaine du côté de l'ouest, et où l'on devait naturellement présumer qu'aurait lieu l'attaque la plus sérieuse. Flammock s'était débarrassé de son armure, qu'il avait jetée près de lui, en la couvrant de sa grande casaque pour la préserver de la rosée du matin, et restant en justaucorps de cuir, les bras nus jusqu'au coude et la main armée d'un lourd marteau, il donnait lui-même l'exemple aux ouvriers travaillant sous ses ordres.

Les caractères lents, mais fermes, sont ordinairement ceux qui éprouvent le plus de honte et d'embarras quand ils manquent aux petites convenances de la société. Wilkin Flammock avait écouté la veille, presque avec insensibilité, l'accusation de trahison portée contre lui ; mais il rougit, et fut saisi de confusion en reprenant à la hâte sa casaque, pour cacher aux yeux d'Eveline le négligé dans lequel elle l'avait surpris. Il n'en fut pas de même de sa fille. Fière de l'ardeur de son père, elle regarda sa maîtresse avec un air de triomphe qui semblait dire : — C'est ce fidèle serviteur qu'on osait soupçonner de trahison !

Le cœur d'Eveline lui faisait le même reproche, et, empressée de prouver au Flamand que ses doutes n'avaient été que momentanés, elle lui offrait une bague d'un grand prix : — Faible réparation, lui dit-elle, d'un soupçon occasioné par un malentendu.

— Je n'en ai pas besoin, milady, répondit Flammock avec son air d'insouciance ordinaire, à moins qu'il ne me soit permis d'en disposer en faveur de Rose, car je crois qu'elle a été fort tourmentée par ce qui m'inquiétait fort peu. Et pourquoi m'en serais-je inquiété ?

— Disposez-en comme il vous plaira, dit Eveline ; votre fidélité est encore plus précieuse que la pierre enchâssée dans cette bague.

Jetant ensuite un coup d'œil sur la plaine qui s'étendait entre le château et la rivière, elle fit remarquer combien il régnait de calme et de silence dans un lieu qui avait offert la veille une scène de tumulte et de carnage.

— Cela ne durera pas long-temps, répondit Flammock ; nous entendrons bientôt assez de bruit, et plus près de nos oreilles qu'hier.

— De quel côté sont campés les ennemis ? demanda Eveline ; je n'aperçois ni tentes ni pavillons.

— Ils ne s'en servent pas, répliqua Wilkin ; le ciel leur a refusé la grace de savoir fabriquer de la toile pour en faire. Les voilà couchés sur les deux *rives* de la rivière, n'étant couverts que de leurs manteaux blancs. Croirait-on qu'une armée de brigands et de coupe-jarrets pût ressembler ainsi au plus bel objet qu'on puisse voir dans la nature, à des toiles étendues sur un pré pour y blanchir ? Mais écoutez! écoutez! les guêpes commencent à bourdonner ; elles feront bientôt jouer leurs aiguillons.

Effectivement, on entendait dans l'armée galloise un bruit sourd, semblable au bourdonnement

D'une ruche alarmée et qu'un danger réveille.

Effrayée de ce murmure, qui de moment en moment devenait plus menaçant, Rose saisit le bras de son père, et lui dit à demi-voix d'un air de terreur : — C'est comme le bruit que faisaient les vagues la nuit qui précéda la grande inondation.

— Et il annonce un temps trop rude pour des femmes, répliqua Flammock. Retirez-vous dans votre appartement, lady Eveline, si tel est votre bon plaisir. Allez-vous-en aussi, Roschen, et que le ciel vous protège toutes deux! vous ne feriez ici que nuire à la besogne

Sentant qu'elle avait fait tout ce qu'elle devait, tout ce qu'elle pouvait faire, et craignant que le frisson involontaire qu'elle éprouvait ne devînt contagieux, Eveline suivit le conseil de son vassal, et reprit à pas lents le chemin de son appartement, tournant souvent la tête en arrière pour jeter un regard sur les Gallois en armes, dont les premiers bataillons avançaient déjà comme les flots de la marée montante.

Le prince de Powys avait donné des preuves de science militaire en adoptant un plan d'attaque qui convenait à l'esprit impétueux de ses soldats, et qui devait en même temps jeter l'alarme sur tous les points parmi ses ennemis peu nombreux.

Les trois côtés du château défendus par la rivière furent entourés par des corps considérables de troupes galloises, qui avaient ordre de se borner à inquiéter la garnison par des décharges de flèches, à moins qu'il ne se présentât quelque occasion favorable pour une attaque. Mais les principales troupes de Gwenwyn, divisées en trois colonnes, s'avançaient le long de la plaine vers la façade du château exposée à l'occident, et menaçaient d'un assaut les murailles qui, de ce côté, n'étaient pas protégées par la rivière. Le premier de ces corps formidables était entièrement composé d'archers, qui s'étendirent en face de la forteresse assiégée, profitant habilement de tous les buissons et de toutes les hauteurs pour se tenir à couvert. De là ils commencèrent à bander leurs arcs, et firent pleuvoir une grêle de traits sur les murailles et les fortifications. Ils éprouvèrent pourtant plus de pertes qu'ils n'en firent essuyer aux assiégés, en général, à l'abri de leurs flèches, et qui voyaient mieux les ennemis contre lesquels ils décochaient les leurs. Cependant, sous le couvert de cette décharge continuelle, les deux autres corps de Bretons essayaient d'emporter d'assaut les défenses extérieures du château. Ils avaient des haches pour abattre les palissades, qu'on nommait alors barrières, des fagots pour combler le fossé, des torches pour incendier tout ce qui était combustible, et surtout des échelles pour escalader les murailles.

Ces deux détachemens se précipitèrent vers le point d'attaque avec une fureur incroyable, en dépit de la défense la plus opiniâtre, et de la perte que leur faisaient souffrir les traits de toute espèce lancés par la garnison. Ils continuèrent cet assaut pendant près d'une heure, recevant à chaque instant des renforts qui faisaient plus que remplir les vides de leurs rangs. Quand ils furent enfin forcés d'y renoncer, ils adoptèrent un nouveau genre d'attaque, encore plus embarrassant pour les assiégés. Un corps nombreux dirigeant tous ses efforts sur un des points les plus exposés, ceux qui le défendaient étaient obligés d'appeler à leur secours une partie de leurs compagnons qui gardaient les autres postes, et quand les assiégeans en voyaient un qui ne paraissait pas avoir un nombre suffisant de défenseurs, ils y envoyaient des troupes fraîches pour l'attaquer.

La garnison de Garde-Douloureuse ressemblait donc au voyageur tourmenté par un essaim de guêpes, lorsqu'à peine parvenu à les chasser d'un côté il en est assailli de l'autre, et desespéré par la hardiesse et la multiplicité de leurs attaques. La poterne étant un des points les plus exposés, le père Aldrovand, à qui son inquiétude ne permettait pas de quitter les murailles, et qui, autant que le lui permettait son habit, prenait de temps en temps une part active à la défense de la place, se hâta de s'en approcher, comme étant l'endroit le plus en danger.

Il y trouva Flammock, comme un second Ajax, couvert de sang et de poussière, manœuvrant de ses propres mains le grand mangonneau qu'il avait aidé lui-même à préparer avant le lever du soleil, sans oublier pour cela d'avoir les yeux ouverts sur tout ce qui se passait sur les autres points.

— Que penses-tu de la besogne de cette journée? lui demanda le moine à demi-voix.

— A quoi bon en parler, mon père? répondit Wilkin ; vous n'êtes pas soldat, et je n'ai pas le temps de jaser.

— Eh bien! reprends haleine un moment, dit Aldrovand en retroussant les manches de son froc, et pendant ce temps je tâcherai de tenir ta place. Cependant, que Notre-Dame ait pitié de moi ; car je ne connais rien à ces étranges machines, pas même leurs noms. Mais notre règle nous ordonne le travail, et par conséquent il ne peut y avoir aucun mal à tourner ainsi cette manivelle, à placer cette poutre garnie de fer devant cette corde (mouvement qu'il exécutait tout en parlant); et je ne connais aucun saint canon qui me défende d'ajuster ainsi ce levier et de toucher ce ressort.

L'énorme poutre partit avec un long sifflement, et elle avait été si bien pointée, qu'elle abattit un des principaux chefs des Gallois dans l'instant où Gwenwyn lui donnait quelques ordres importans.

— Bien ajusté, mangonneau! Bien frappé, carreau! s'écria le moine incapable de retenir l'expression de sa joie, et donnant, dans son triomphe, les noms techniques à la machine de guerre et à la poutre qu'elle venait de lancer.

— Et bien pointé, révérend père, ajouta Wilkin Flammock. Je vois que vous en savez plus long que votre bréviaire.

— Ne t'en mets pas en peine; mais à présent que tu vois que je suis en état de manœuvrer tes machines, et que ces coquins ont l'air un peu déconcerté, dis-moi donc ce que tu penses de notre situation.

— Elle pourrait être pire. Mais il nous faut un prompt secours, car les corps de nos hommes sont de chair et non d'acier. Il est terrible de n'avoir qu'un soldat par quatre aunes de murailles; nos ennemis ne l'ignorent pas; ils nous taillent de la besogne, et il peut se faire que nous soyons enfin écrasés par le nombre.

Un nouvel assaut interrompit leur conversation, et l'activité de l'ennemi ne leur laissa guère de repos avant le coucher du soleil. Gwenwyn réitera ses menaces d'attaques sur différens points, livra deux ou trois assauts formidables à droite et à gauche de la poterne, et laissa à peine aux assiégés le temps de respirer, et de prendre quelques rafraîchissemens. Cependant les Gallois payèrent cher leur audace, et quoique rien ne pût surpasser la bravoure avec laquelle ils se présentèrent plusieurs fois, cependant on put remarquer que leurs efforts étaient moins animés dans la soirée; il est probable que Gwenwyn, voyant la perte considérable qu'il avait faite, et craignant que le découragement ne se mît parmi ses soldats, ne fut pas plus fâché que la garnison épuisée de Garde-Douloureuse quand la nuit vint interrompre le combat.

Cependant tout était encore joie et triomphe dans le camp, ou pour mieux dire dans le bivouac des Gallois, car le souvenir de la victoire signalée de la veille leur faisait oublier la perte qu'ils venaient d'éprouver. Les sentinelles qui veillaient sur les murailles du château entendaient les cris d'allégresse, les chants joyeux, le son des harpes qui semblaient célébrer d'avance la prise de la forteresse.

Le soleil était couché depuis quelque temps; les ténèbres s'épaississaient, la nuit était couronnée d'un firmament pur et sans nuage, où l'on voyait briller mille diamans auxquels une gelée printanière donnait un nouvel éclat, quoique la reine plus pâle des planètes ne fût que dans son premier quartier. Les fatigues de la garnison s'accroissaient considérablement par la nécessité d'entretenir sur tous les points une surveillance exacte, ce qui devenait très-pénible, vu le petit nombre de ceux qui la composaient. L'urgence était telle, que ceux qui n'avaient été que légèrement blessés dans la journée étaient obligés de faire leur faction à leur tour malgré leurs blessures.

Le père Aldrovand et Wilkin Flammock, entre qui la meilleure intelligence régnait alors, firent ensemble une ronde sur les murailles à minuit, exhortant les sentinelles à la vigilance, et reconnaissant de leurs propres yeux l'état de la forteresse. Dans le cours de cette ronde, et comme ils montaient sur une plateforme élevée par des escaliers étroits et inégaux, contre lesquels le moine murmurait tout bas, au lieu de l'armure noire de la sentinelle flamande qui y avait été placée, ils aperçurent deux corps blancs dont la vue sembla frapper Wilkin de plus de consternation qu'il n'en avait montré pendant les événemens hasardeux de la journée précédente.

— Mon père, dit-il en se tournant vers Aldrovand, songez à votre métier. *Es spuct*, il y a ici des esprits.

Le bon père n'avait pas appris, depuis qu'il était prêtre, à braver l'ennemi incorporel qu'il avait redouté quand il était soldat plus que tout antagoniste mortel. Cependant il commença à prononcer en tremblant l'exorcisme de l'Église : *Conjuro vos omnes, spiritus maligni, magni, atque parvi* (1); mais il fut interrompu par la

(1) Je vous conjure tous, esprits malins, grands et petits.
Tr.

voix d'Eveline, qui s'écria : — Est-ce vous, père Aldrovand?

Très-rassurés tous deux en voyant qu'ils n'avaient pas affaire à des esprits, Wilkin Flammock et le chapelain s'avancèrent à la hâte sur la plate-forme? où ils trouvèrent Eveline et sa fidèle Rose, la première tenant en main une demi-pique, comme une sentinelle en faction.

— Comment, ma fille! dit le moine, par quel hasard vous trouvez-vous ici et armée? Qu'est devenue la sentinelle, ce chien paresseux, ce Flamand qui devait garder ce poste?

— N'est-il pas possible, mon père, que ce ne soit ni un chien paresseux, ni un Flamand? dit Rose, qui prenait toujours feu à la moindre réflexion qui semblait un sarcasme contre sa nation; il me semble que j'ai entendu dire qu'il se trouve de pareils chiens parmi les Anglais.

— Paix, Roschen! lui dit son père; vous êtes trop hardie pour une jeune fille. Encore une fois, où est Peterkin Vorst, qui devait garder ce poste?

— Ne le blâmez pas d'une faute que j'ai commise, dit Eveline, montrant l'endroit où la sentinelle flamande était étendue profondément endormie. Il était accablé de fatigue, il avait combattu toute la journée, et en le voyant assoupi, lorsque je suis venue ici comme un esprit errant et agité qui ne peut goûter ni sommeil ni repos, je n'ai pas voulu troubler une tranquillité à laquelle je portais envie. Comme il avait combattu pour moi tout le jour, j'ai cru que je pouvais veiller pour lui une heure ou deux; et ayant pris son arme, je voulais rester ici jusqu'à ce qu'on vînt le relever, ou qu'il s'éveillât.

— Je vais l'éveiller de la bonne manière, le misérable *schelm*! s'écria Wilkin Flammock; et il salua le dormeur de deux grands coups de pied, qui retentirent sur la cuirasse du garde. La sentinelle s'éveilla en sursaut, se leva promptement, et fut saisie d'une telle alarme qu'elle fut sur le point de la communiquer aux soldats des postes voisins, en criant que les Gallois étaient sur les murailles. Mais à l'instant où sa large bouche s'ouvrait pour répandre une terreur panique, le père Aldrovand la lui couvrit de la main et lui étouffa la voix.

— Paix! s'écria-t-il, paix! descends, et va trouver le sous-bailli, car tu mérites la mort, d'après toutes les règles de la guerre. Mais lève les yeux, Varlet, et vois qui a sauvé de la corde ton indigne cou en faisant ta faction pour toi, tandis que tu étais à rêver de chair de porc et de pots de bière.

Peterkin Vorst, quoiqu'à peine éveillé, sentait parfaitement le tort qu'il avait eu et le danger qu'il courait. Il se retira donc sans répliquer, après avoir salué gauchement Eveline et ceux qui avaient troublé son repos avec si peu de cérémonie.

— Il mériterait d'être jeté dans le fossé pieds et poings liés, dit Wilkin. Mais que voulez-vous, milady? Mes compatriotes ne peuvent vivre sans repos et sans sommeil. Et il s'abandonna lui-même à un bâillement prolongé.

— Vous avez raison, mon bon Wilkin, dit Eveline; prenez donc vous-même quelque repos, et fiez-vous à moi pour veiller ici, du moins jusqu'à ce qu'on relève la garde. Je ne pourrais dormir, quand même je le voudrais; et si je le pouvais, je ne le voudrais pas.

— Grand merci, milady, répondit Flammock; et dans le fait, comme c'est ici un point central, et que la ronde doit y passer dans une heure au plus tard, je vais tâcher de fermer les yeux quelques instans, car mes paupières sont aussi pesantes que des écluses.

— Mon père! mon père! s'écria Rose, mécontente de voir l'auteur de ses jours manquer ainsi au cérémonial et au décorum; pensez donc en présence de qui vous vous trouvez!

— Sans doute, sans doute, Flammock, dit le père Aldrovand; ce n'est pas en présence d'une jeune fille, d'une noble Normande, qu'on doit songer à ôter son chapeau et à mettre son bonnet de nuit.

Laissez faire, père Aldrovand, dit Eveline, qui, en tout autre moment aurait souri de la promptitude avec laquelle Wilkin Flammock s'enveloppa dans son grand manteau, s'étendit sur un banc de pierre, et donna les preuves les moins équivoques d'un sommeil profond avant que le moine eût fini de parler.

— Les formes extérieures de déférence et de respect, continua-t-elle, conviennent aux temps de paix et de tranquillité; mais dans l'instant du danger, la chambre à coucher du soldat est partout où il peut trouver du loisir pour une heure de repos, sa salle à manger partout où il peut obtenir de la nourriture. Asseyez-vous près de Rose et de moi, mon père, et donnez-nous quelques saintes leçons qui puissent hâter le cours de ces heures de fatigue et de calamité.

Le père obéit; mais, quoiqu'il désirât donner des consolations à Eveline, sa science théologique et son jugement ne suggérèrent rien de mieux à son esprit que de réciter les sept psaumes de la pénitence. Il continua cette tâche quelque temps; mais bientôt la fatigue l'emporta, et, se rendant coupable du même manque de décorum qu'il avait reproché à Wilkin, il s'endormit au milieu du sixième psaume.

CHAPITRE IX.

> « Nuit de malheur! dit elle en soupirant,
> » Nuit de chagrin et de fâcheux présage !
> « Si le présent me parait déchirant,
> » L'avenir peut l'être bien davantage »
> SIR GILBERT ELLIOT.

La fatigue avait épuisé les forces de Wilkin Flammock et du père Aldrovand ; mais les deux jeunes filles restèrent, les yeux fixés tantôt sur la campagne, qui était ensevelie dans les ténèbres, tantôt sur les astres qui l'éclairaient imparfaitement, comme si elles avaient pu lire les événemens que le lendemain devait amener. C'était une scène douce et mélancolique. Les arbres, les champs, la plaine, les montagnes, étaient devant elles sous une lumière douteuse qui permettait à peine de les distinguer; tandis que plus loin la rivière, que les arbres et ses bords élevés cachaient presque partout, réfléchissait en deux ou trois endroits la clarté des étoiles et la pâle lueur du croissant de la lune. On n'entendait que le murmure des eaux, et de temps en temps le son aigu d'une harpe, qui, interrompant le silence de la nuit à plus d'un mille de distance, annonçait que quelques Gallois prolongeaient encore leur amusement favori. Ce son presque sauvage, et qui n'était entendu que par intervalles, semblait la voix d'un esprit passant entre le ciel et la terre, tel qu'un présage funeste: cette voix annonçait à Eveline la guerre, les malheurs, la captivité et la mort. Le silence solennel de la nuit était aussi parfois interrompu par les pas mesurés de quelques sentinelles en faction, et les cris des hiboux qui semblaient déplorer la chute prochaine des tourelles dont ils faisaient depuis long-temps leur habitation.

Ce calme de toute la nature attristait la malheureuse Eveline ; il éveillait dans son cœur un sentiment plus profond de ses malheurs, et une crainte des horreurs que pouvait réserver l'avenir, plus vive encore que celle qu'elle avait éprouvée pendant le tumulte et la confusion du jour précédent, et au milieu du sang qui avait été répandu. Alternativement elle se levait et s'asseyait, se promenait en long et en large sur la plate-forme, restait fixée comme une statue au même endroit pendant plusieurs minutes, comme si elle eût voulu essayer de se distraire, en changeant sans cesse d'attitude, du chagrin et de l'inquiétude qui la dévoraient.

Enfin, jetant un regard sur le moine et le Flamand, qui dormaient paisiblement derrière les créneaux, elle ne put garder plus long-temps le silence.

— Les hommes sont bien heureux, ma chère Rose, dit-elle ; leurs inquiétudes sont écartées par des travaux pénibles, ou noyées dans l'état d'insensibilité qui y succède. Ils peuvent recevoir des blessures, rencontrer la mort; mais nous, nous sentons dans l'esprit une angoisse bien plus cruelle que toutes les douleurs du corps; et quand nous sommes en proie au sentiment cruel de nos malheurs présens et à la crainte d'un avenir encore plus à redouter, nous subissons une angoisse bien plus amère que celle qui termine tout d'un coup nos douleurs.

— Ne cédez pas ainsi à votre accablement, ma chère maîtresse, répondit Rose; soyez plutôt ce que vous étiez hier, prenant soin des blessés, des vieillards, de tout le monde, excepté de vous-même; exposant même votre vie à la grêle de flèches des Gallois, afin d'encourager les autres par votre exemple; tandis que moi..... quelle honte! je ne pouvais que trembler, pleurer, sangloter, et j'avais besoin de tout le peu d'esprit que je possède pour ne pas pousser des cris sauvages comme ces farouches Gallois, ou ne pas gémir et me plaindre comme ceux de nos défenseurs qui tombaient autour de nous.

— Hélas, Rose! répliqua sa maîtresse, vous pouvez vous livrer à toutes vos craintes, et les porter même presque jusqu'au désespoir. Cependant vous avez un père qui combat pour vous, qui veille sur vous; mais moi, mon bon père, mon père noble et chéri repose sur le champ de bataille, et tout ce qui me reste à faire est d'agir de manière à ne pas déshonorer sa mémoire. Mais ce moment du moins m'appartient, et je puis le consacrer à penser à lui et à le pleurer.

A ces mots, accablée par le chagrin qu'elle avait si long-temps contenu, elle se laissa tomber sur le banc intérieur qui bordait le parapet crénelé de la plate-forme, et se disant : — Je l'ai perdu pour toujours ! elle s'abandonna à toute son affliction. Sa main saisit, sans qu'elle y songeât, l'arme qu'elle avait prise au soldat, et lui servit en même temps pour appuyer son front, tandis que les larmes, qui la soulageaient alors pour la première fois, coulaient en abondance de ses yeux. Rose craignit presque qu'elle ne pût résister à l'excès de sa douleur. La pitié et l'affection lui suggérèrent sur-le-champ ce qu'elle avait de mieux à faire dans la situation où se trouvait sa maîtresse. Sans chercher à arrêter dans sa course ce torrent d'affliction, elle s'assit à côté d'Eveline, et, s'emparant de la main qui tombait sans mouvement à son côté, elle la pressa tour à tour sur ses lèvres, sur son cœur, sur son front ; tantôt la couvrant de baisers, tantôt l'arrosant de larmes avec toutes les marques de l'attachement le plus humble et le plus sincère, elle attendit le moment où sa maîtresse serait plus calme pour lui offrir son faible tribut de consolations, observant pendant tout ce temps un si profond silence, et restant dans une telle immobilité que la pâle lumière de la lune, en tombant sur ces deux jeunes filles, semblait éclairer un groupe funéraire, ouvrage du ciseau de quelque sculpteur habile. A quelque distance d'elles, la cuirasse brillante de Wilkin Flammock, et le froc noir du père Aldrovand, qui dormaient encore sur la pierre, pouvaient représenter les corps de ceux dont les deux principales figures du groupe pleuraient la perte.

Après quelques minutes d'une angoisse cruelle, la douleur d'Eveline parut prendre un caractère plus tranquille. Ses sanglots convulsifs firent place à des soupirs profonds, et quoique ses larmes coulassent toujours, elles paraissaient avoir moins d'amertume. La bonne Rose, voulant profiter de ces symptômes favorables, essaya doucement de lui enlever la demipique qu'elle tenait en main. — Permettez que je sois sentinelle à mon tour, lui dit-elle; je crierai du moins plus fort que vous si quelque danger nous menace. Elle se hasarda à lui baiser la joue en parlant ainsi, et entoura son cou de ses bras; mais une caresse muette de sa maîtresse, touchée de ses soins, fut la seule réponse qu'elle en obtint. Elles restèrent quelque temps en silence dans la même attitude : Eveline, comme un jeune et grand peuplier ; Rose, qui tenait sa maîtresse entre ses bras, comme le chèvre-feuille qui l'entoure de ses rameaux.

Enfin, Rose sentit tout à coup sa jeune maîtresse frissonner, et Eveline, lui saisissant le bras, lui demanda : N'entendez-vous rien?

— Non, rien que des cris des hiboux, répondit Rose d'un air craintif.

— J'ai entendu un bruit éloigné; j'ai cru l'entendre du moins, écoutez! je l'entends encore, regardez audessus du parapet, Rose, tandis que je vais éveiller mon chapelain et votre père.

— Ma chère maîtresse, je n'oserais. Que peut être ce bruit, qui n'est entendu que par une seule personne? Vous vous êtes trompée; c'est le murmure des eaux de la rivière.

— Je ne voudrais pas alarmer le château sans nécessité, dit Eveline en hésitant, ni même troubler, sans de bonnes raisons, le sommeil dont votre père a besoin.

— Mais écoutez, écoutez, je l'entends encore! c'est un

bruit bien plus fort que celui des eaux ; il est lent et mesuré, et il s'y mêle un tintement comme si des serruriers ou des armuriers battaient dans le lointain sur leurs enclumes.

Rose monta sur le banc de pierre, et, rejetant en arrière les tresses de ses beaux cheveux, elle plaça une main derrière son oreille pour mieux entendre ce bruit éloigné. — Je l'entends ! s'écria-t-elle, et il augmente sensiblement. Vite, éveillez-les, pour l'amour du ciel ! éveillez-les, sans perdre un instant !

Eveline poussa les dormeurs avec le manche de sa demi-pique, et tandis qu'ils se levaient à la hâte, elle leur dit à demi-voix, mais avec force : — Aux armes ! voilà les Gallois !

— Quoi ? qui ? où sont-ils ? s'écria Wilkin Flammock.

— Écoutez, et vous entendrez le bruit qu'ils font en s'armant.

— Ce bruit n'existe que dans votre imagination, milady, répondit l'épais Flamand, dont les sens étaient aussi apathiques que son caractère ; je voudrais ne pas m'être endormi, puisque je devais être si tôt éveillé.

— Mais écoutez, mon bon Flammock ; ce bruit d'armures vient du nord-est.

— Les Gallois ne sont pas de ce côté, et d'ailleurs ils ne portent pas d'armures.

— Je l'entends ! s'écria le père Aldrovand, qui écoutait avec attention depuis qu'il était éveillé.

— Louange à saint Benoît ! Notre-Dame de Garde-Douloureuse protège ses serviteurs comme elle le fait toujours ! C'est une marche de cavalerie ; c'est un bruit d'armures ; c'est la cavalerie des frontières qui vient à notre secours, *Kyrie Eleison !*

— Je commence aussi à entendre quelque chose, dit Flammock, un bruit sourd qui ressemble à celui que faisait la mer quand elle entra dans le magasin de mon voisin Klinkerman, et qu'elle faisait danser ses pots d'étain et de cuivre les uns contre les autres. Cependant, révérend père, ce serait une fâcheuse méprise que de prendre des ennemis pour des amis, et je crois que le plus prudent est d'éveiller toute la garnison.

— Qu'est-ce que tu me parles de pots d'étain et de cuivre? Crois-tu que j'aie été vingt ans écuyer du comte Étienne Mauleverer sans être en état de connaître le bruit de la marche d'une troupe de cavalerie et le cliquetis des armures? Au surplus, fais garnir les murailles, cela ne peut nuire; mais fais ranger les plus braves dans la cour; nous pourrons les aider par une sortie.

— Ce qui n'aura pas lieu de mon consentement, murmura le Flamand. Allons! montons aux murailles, si vous le voulez, et sans perdre de temps; mais enjoignez le plus grand silence à vos Anglais et à vos Normands, sire prêtre, de peur que leurs cris de joie n'éveillent les Gallois, et ne les mettent en garde contre la visite qu'ils vont peut-être recevoir.

Le moine mit un doigt sur ses lèvres en signe d'intelligence, et ils allèrent, chacun de leur côté, éveiller les défenseurs du château, qu'on entendit bientôt de toutes parts courir aux postes qui leur avaient été assignés la veille sur les murailles, mais avec d'autres dispositions que lorsqu'ils les avaient quittés. Comme on prit les plus grandes précautions pour empêcher le moindre bruit, les murs se trouvèrent garnis de soldats silencieux; et la garnison, osant à peine respirer, attendait avec impatience l'arrivée des troupes qui venaient au secours du château.

On ne pouvait plus se méprendre sur le bruit qui interrompait le silence de la nuit. On ne pouvait le confondre avec celui d'une grande rivière ou du tonnerre grondant sourdement dans le lointain. On distinguait le cliquetis perçant des armes et la marche des chevaux. La longue continuité des sons qu'on entendait, et l'étendue de terrain d'où ils semblaient partir, annonçaient que plusieurs corps considérables de cavalerie étaient en marche. Tout à coup ce bruit cessa, comme si la terre eût dévoré ces escadrons armés, ou qu'elle fût devenue inhabile à retentir du bruit de leur marche. Les défenseurs de Garde-Douloureuse en conclurent que leurs amis avaient fait une halte soudaine, soit pour laisser leurs chevaux reprendre haleine, soit pour reconnaître la position de l'ennemi, soit pour régler l'ordre de l'attaque. Cette pause ne fut que momentanée.

Les Bretons, si alertes à surprendre leurs ennemis, s'exposaient quelquefois aussi à être surpris eux-mêmes. Leurs soldats étaient indisciplinés, et ils négligeaient souvent le devoir de patience des sentinelles. D'ailleurs leurs fourrageurs et leurs voltigeurs, qui avaient parcouru la veille tous les environs, avaient rapporté au camp des nouvelles qui y avaient inspiré une fatale sécurité. On n'avait donc pris aucune mesure pour le garder, et l'on avait même négligé l'importante précaution militaire d'établir des avant-postes, et d'envoyer des patrouilles à quelque distance du principal corps d'armée. La cavalerie, malgré le bruit qui accompagnait la marche, arriva très-près du camp des

Gallois sans y avoir excité la moindre alarme. Mais, tandis que les chefs disposaient leurs forces en colonnes séparées pour commencer l'attaque, un tumulte épouvantable et toujours croissant qui s'éleva parmi les Bretons leur annonça qu'ils avaient enfin reconnu le danger qu'ils couraient. Les cris aigus et discordans qu'ils poussaient, en appelant leurs soldats sous la bannière de leurs chefs respectifs, retentissaient au loin ; mais ces cris de ralliement se changèrent bientôt en cris d'horreur et de consternation, quand une cavalerie pesamment armée surprit leur camp sans défense.

Cependant, malgré des circonstances si contraires, les descendans des anciens Bretons ne renoncèrent pas à leur défense, et ne perdirent pas leur privilège héréditaire d'être appelés les plus braves des hommes. Les cris qu'ils poussaient en défiant leurs ennemis et en leur résistant se faisaient entendre au-dessus des gémissemens des blessés, des clameurs de leurs adversaires triomphans, et du tumulte de cette bataille nocturne. Ce ne fut que lorsque la lumière du matin commença à paraître que le massacre et le désarroi des troupes de Gwenwyn furent complets, et que la voix de la victoire, « — terrible comme le bruit d'un tremblement de terre, — » s'éleva vers le ciel.

Les assiégés, si l'on pouvait encore leur donner ce nom, portant du haut de leurs tours leurs regards vers la plaine, n'y virent plus que des vaincus en déroute, et des vainqueurs qui les poursuivaient avec acharnement. Raymond Bérenger avait permis aux Gallois de passer le pont, et de s'établir sur l'autre rive de la rivière, en toute sécurité, comme ils le pensaient ; mais cette circonstance ne servit alors qu'à rendre leur défaite plus fatale. Ce pont, seul passage où ils pussent traverser la rivière, fut bientôt encombré de fuyards; ils s'y heurtaient et s'écrasaient les uns les autres, tandis que le fer victorieux des Normands massacrait les moins avancés. Un grand nombre de Bretons se jetèrent dans le rivière, dans l'espoir de la passer à la nage; mais, à l'exception de quelques-uns, doués d'une force et d'une activité extraordinaires et excellens nageurs, ils périrent dans cette tentative, entraînés par un courant rapide, ou brisés contre les rochers. D'autres plus heureux échappèrent en allant chercher plus loin des gués obscurs et ignorés. La plupart se dispersèrent en petites bandes; quelques-uns même, poussés par le désespoir, prirent la fuite vers le château, comme si la forteresse qui leur avait résisté quand ils étaient vainqueurs avait pu être un asile pour les vaincus. D'autres couraient çà et là dans la plaine sans but déterminé, et ne cherchant qu'à échapper un instant aux dangers.

Cependant les Normands, divisés en petits détachemens, les poursuivaient de toutes parts, et n'avaient plus que la peine de les massacrer. Signal de ralliement pour les vainqueurs, la bannière de Hugues de Lacy flottait sur une petite élévation où Gwenwyn, peu de temps auparavant, avait déployé la sienne. Il y restait lui-même, avec une force respectable de cavalerie et d'infanterie, que ne laissait pas éloigner l'expérience du baron.

Le reste de l'armée normande, comme nous l'avons déjà dit, poursuivait les fuyards en poussant des cris de joie et de vengeance; et des tours du château on entendait répéter partout : — Saint Edouard! saint

Denis! frappez! tuez! point de quartier aux loups gallois! songez à Raymond Bérenger.

Les soldats placés sur les murailles de Garde-Douloureuse poussaient les mêmes cris de victoire et de vengeance, et vidaient leurs carquois en tirant sur les fuyards qui osaient s'approcher de la forteresse. Ils auraient voulu en sortir, pour prendre une part plus active au carnage; mais, la communication étant alors ouverte avec le connétable de Chester, Wilkin Flammock se considérait, ainsi que la garnison, comme étant sous les ordres de ce chef renommé, et il refusa d'écouter les représentations réitérées du père Aldrovand, qui, malgré son caractère sacerdotal, se serait volontiers chargé de commander la sortie qu'il proposait.

Enfin cette scène sanglante parut se terminer. Les trompettes sonnèrent la retraite, les chevaliers s'arrêtèrent sur divers points de la plaine pour rassembler les combattans sous leurs bannières respectives, et les ramener ensuite vers le grand étendard de leur chef, autour duquel toute l'armée devait se rallier, comme les nuages qui s'accumulent autour du soleil couchant; comparaison qu'on peut faire naître surtout des traits de vive lumière jaillissant des armures bien polies de ces escadrons.

On cessa donc bientôt de voir des détachemens de cavalerie parcourir la plaine, qui n'était plus occupée que par les cadavres des Gallois. Les escadrons que l'ardeur de la poursuite avait entraînés à une plus grande distance revinrent bientôt, chassant devant eux ou traînant à leur suite des troupes de malheureux captifs, à qui ils avaient accordé quartier, après avoir assouvi leur soif de sang.

Ce fut alors que, désirant attirer l'attention de ses libérateurs, Wilkin Flammock ordonna qu'on déployât toutes les bannières du château, et que tous ceux qui avaient si bravement combattu poussassent des acclamations générales. L'armée d'Hugues de Lacy leur répondit par des cris de joie; et ces cris retentirent si loin, que ceux des fuyards gallois qui étaient déjà à quelque distance de ce désastreux champ de bataille, et qui s'étaient arrêtés pour reprendre haleine, prirent de nouveau la fuite, frappés d'une nouvelle épouvante.

Un instant après ce salut réciproque, un cavalier, se détachant seul de l'armée du connétable, s'avança vers Garde-Douloureuse; et même à cette distance on pouvait remarquer en lui une grace et une dextérité peu communes. Le pont-levis fut baissé à l'instant pour lui ouvrir l'entrée du château, tandis que Flammock et le père Aldrovand, qui, autant qu'il le pouvait, s'associait à tous les actes d'autorité du Flamand, venaient y recevoir l'envoyé de leur libérateur.

Ils le trouvèrent qui descendait de son cheval noir, couvert de sang et d'écume, et dont les flancs palpitaient encore par suite des fatigues qu'il avait essuyées depuis vingt-quatre heures. Et cependant, répondant à la main caressante du jeune cavalier, il courbait le cou avec grace, secouait son caparaçon d'acier, et hennissait comme pour témoigner son ardeur inépuisable et son amour des combats. L'œil d'aigle du jeune homme donnait les mêmes signes d'un courage infatigable, quoiqu'il fût aisé de reconnaître qu'il ne s'était pas ménagé sur le champ de bataille. Son casque étant suspendu à l'arçon de sa selle, on pouvait voir son visage animé, et ses beaux cheveux châtains bouclés. Il portait le poids de son armure, simple mais massive, avec tant d'aisance, qu'on l'aurait prise pour une parure plutôt que pour un fardeau. Un manteau garni de fourrure ne lui aurait pas donné plus de graces que le lourd haubert qui semblait se prêter à tous ses mouvemens. Cependant il était si jeune, que le duvet qui couvrait sa lèvre supérieure annonçait à peine l'âge viril.

Les femmes qui s'étaient rendues dans la cour pour voir l'envoyé de leur libérateur ne purent s'empêcher de mêler des éloges de sa beauté au tribut de reconnaissance qu'elles devaient à sa valeur; et une dame ayant encore bonne mine, quoique de moyen âge, et qu'on remarquait à un bas écarlate bien tiré sur une jambe bien prise, et à une coiffe d'une blancheur éclatante, se distingua par-dessus toutes les autres en fendant la foule pour approcher de plus près du jeune guerrier, dont elle augmenta la rougeur en criant à haute voix que Notre-Dame de Garde-Douloureuse avait choisi un ange dans le sanctuaire pour leur envoyer la nouvelle de leur rédemption; discours qui fit secouer la tête au père Aldrovand, mais que les autres femmes accueillirent avec des acclamations si bruyantes, qu'elles furent embarrassantes pour la modestie du jeune cavalier.

— Taisez-vous! silence! s'écria Wilkin Flammock. Ne savez-vous donc pas, vous autres femmes, ce que c'est que le respect? N'avez-vous jamais vu un jeune cavalier, pour vous attrouper ainsi autour de lui, comme les mouches couvrent un gâteau de miel? Retirez-vous, vous dis-je, et laissez-nous entendre les ordres que nous envoie le noble connétable de Lacy.

— Mon message, répondit le jeune homme, est pour

la noble demoiselle Eveline Bérenger, si je puis être jugé digne de l'honneur de paraître en sa présence.

— Si vous en êtes jugé digne, noble seigneur! s'écria la dame qui avait déjà témoigné son admiration d'une manière si énergique; je puis répondre que vous en êtes digne, et digne aussi de toute autre faveur qu'une noble châtelaine puisse vous accorder.

— Retiens ta langue, bavarde! s'écria le père Aldrovand, pendant que Wilkin Flammock disait en même temps: Prenez garde au *cucking-stool* (1), dame Gillian! Et il se mit à côté du jeune cavalier, pour lui montrer le chemin qu'il devait suivre.

— Ayez bien soin de mon bon coursier, dit le jeune homme à un écuyer, en lui remettant la bride; ce qui le débarrassa d'une partie de son cortège de femmes, la plupart s'étant mises à caresser le cheval et à l'admirer presque autant que le cavalier. Quelques-unes même, dans l'enthousiasme de leur joie, allèrent presque jusqu'à en baiser les étriers et le caparaçon.

Mais dame Gillian ne partagea pas les nouveaux transports de ses compagnes. Elle continua à répéter le mot *cucking-stool* jusqu'à ce que le Flamand ne pût plus l'entendre, et alors elle mit plus d'énergie dans ses exclamations. — Et pourquoi le cucking-stool, sir Wilkin Tartine? Vous voudriez sans doute fermer une bouche anglaise avec une nappe de damas de Flandre! Vraiment, je vous le conseille, mon cousin le tisserand! mais pourquoi le *cucking-stool*, s'il vous plaît? Est-ce parce que ma maîtresse est bien faite, et que le jeune

(1) Machine dont on se servait pour punir les femmes bavardes et querelleuses. C'était une espèce de siège de bois sur lequel on les liait, après quoi on les plongeait dans l'eau. — Éd

cavalier est un homme de bonne mine, sauf sa barbe qui pourra bien encore pousser? N'avons-nous pas des yeux pour voir, une langue pour parler.

— En vérité, dame Gillian, dit la nourrice d'Eveline, qui était près d'elle, on ne vous rendrait pas justice si l'on en doutait. Mais en ce moment fermez votre bouche, ne fût-ce que par respect pour votre sexe.

— Que voulez-vous dire, mistress Margery? répliqua l'incorrigible Gillian. Vous êtes donc bien fière parce que vous avez bercé notre jeune maîtresse sur vos genoux, il y a plus de quinze ans? Permettez-moi de vous apprendre, Margery la prude, que le chat trouvera toujours le chemin de la crème, quand même on la mettrait sur les genoux d'une abbesse.

— Allons, rentrez, ma femme, s'écria son mari, le vieux piqueur, qui était las de voir sa virago se donner ainsi en spectacle; rentrez, ou je vous ferai sentir ma lanière. Le chapelain et Wilkin Flammock ne savent que penser de votre impudence.

— Vraiment! répondit Gillian. Et ce n'est pas assez de deux fous, sans que votre grave caboche vienne faire le troisième?

Cette réplique excita un éclat de rire général aux dépens du vieux piqueur. Et prenant sa femme sous le bras, il se retira prudemment avec elle sans essayer de continuer une guerre de langue dans laquelle elle montrait une supériorité si prononcée.

L'esprit humain change si facilement d'humeur, surtout dans les classes inférieures, que cette petite querelle conjugale fit naître la gaieté parmi ceux qui venaient de courir le plus grand danger, et qui, quelques heures auparavant, se livraient presque au désespoir.

CHAPITRE X.

> « Dans le cercueil on le plaça,
> » Non sans pleurer; et six grands drôles
> » L'ayant chargé sur leurs épaules,
> » Vers la chapelle on s'avança. »
>
> *Le Moine gris.*

Pendant ce temps-là, le jeune chevalier, Damien de Lacy, avait obtenu l'audience qu'il avait fait demander à Eveline Bérenger. Elle le reçut dans la grande salle du château, assise sous un dais, ayant derrière elle Rose et ses autres femmes. La première avait seule la permission de s'asseoir sur un tabouret en présence de sa maîtresse, tant les dames normandes de qualité maintenaient strictement les droits de leur rang sur tout ce qui les entourait.

Le jeune homme fut introduit par le chapelain et l'artisan flamand, le caractère spirituel de l'un, et la confiance que Raymond Bérenger avait témoignée à l'autre, les autorisant à assister à cette entrevue. Eveline rougit involontairement, en faisant deux pas en avant pour recevoir le jeune et bel envoyé, et sa timidité parut contagieuse, car ce fut avec quelque confusion que Damien remplit le cérémonial de baiser la main qu'elle lui présenta, en signe de bienvenue. Eveline se trouva obligée de parler la première.

— Nous nous avançons aussi loin qu'il nous est permis de le faire, dit-elle, pour offrir nos remerciemens au messager qui vient nous annoncer que nous sommes en sûreté. Si nous ne nous trompons pas, c'est au noble Damien de Lacy que nous adressons la parole.

— Au plus humble de vos serviteurs, répondit Damien, prenant avec quelque difficulté le ton de courtoisie qui convenait à sa mission et à son caractère; — et il s'approche de vous de la part de son oncle, Hugues de Lacy, connétable de Chester.

— Notre noble libérateur n'honorera-t-il pas lui-même de sa présence l'humble demeure qu'il a sauvée?

— Mon noble parent est maintenant soldat de Dieu, et il a fait vœu qu'aucun toit ne couvrirait sa tête avant qu'il se soit embarqué pour la Terre-Sainte. Mais il vous félicite par ma voix de la défaite de vos sauvages ennemis, et vous envoie ces preuves que le compagnon et l'ami de votre noble père n'a pas laissé long-temps sa mort sans vengeance.

A ces mots, il mit aux pieds d'Eveline les bracelets d'or et l'*eudorchawg*, ou chaîne d'anneaux d'or entrelacés, insignes du prince gallois.

— Gwenwyn a donc succombé? dit Eveline en frissonnant; car la nature combattait en elle le sentiment de la vengeance satisfaite, en voyant que ces trophées étaient teints de sang ; le meurtrier de mon père n'existe donc plus ?

— La lance de mon parent a percé le prince breton, tandis qu'il s'efforçait de rallier ses soldats. Il est mort en jetant un regard de rage sur l'arme qui lui avait traversé le corps de part en part. Réunissant tout ce qui lui restait de force, il a voulu porter à son vainqueur un coup de sa massue, qui heureusement ne l'a pas atteint.

— Le ciel est juste. Puisse-t-il pardonner les péchés de cet homme de sang, puisqu'il a subi une telle mort. J'ai encore une question à vous faire. Les restes de mon père.....

Eveline ne put achever, et Damien s'empressa de lui répondre.

— Dans une heure, ils vous seront rendus, lui dit-il avec une douce compassion pour les chagrins d'une si jeune et si belle orpheline. On faisait, lorsque j'ai quitté l'armée, les préparatifs que le temps permettait, pour transporter ce qui reste du noble Bérenger. Nous l'avons trouvé au milieu d'un monument composé des ennemis qu'il avait immolés, et que son épée lui avait érigé. Le vœu de mon oncle ne lui permet pas d'entrer dans votre château, mais, avec votre permission, et si tel est votre plaisir, je le représenterai à la cérémonie des obsèques, comme il m'en a chargé.

— Mon brave et noble père, dit Eveline faisant un effort pour retenir ses larmes, ne peut être mieux honoré que par les regrets de nos braves et nobles défenseurs. Elle voulait en dire davantage ; mais la voix lui manqua, et elle fut obligée de se retirer un peu brusquement, pour pouvoir se livrer sans contrainte à sa douleur, et se préparer à la célébration des funérailles avec tout le cérémonial que les circonstances permettaient. Damien, en la voyant partir, la salua avec autant de respect que si elle eût été une divinité; et, remontant à cheval, il retourna à l'armée de son oncle, qui avait établi son camp à la hâte sur le champ de bataille.

Le soleil était alors à son midi, et la plaine offrait le spectacle d'un mouvement différent du silence et de la solitude de la nuit précédente, comme aussi du tumulte et de la fureur qui avaient régné pendant le combat de la matinée. La nouvelle de la victoire remportée par Hugues de Lacy s'était répandue de toutes parts. Plusieurs habitans des environs, qui avaient fui pour se soustraire à la rage du loup de Plinlimmon, regagnaient déjà leurs habitations désolées. Ces misérables vagabonds des deux sexes qui se trouvent toujours en grand nombre dans tout pays exposé à être souvent le théâtre de la guerre, arrivaient en foule, attirés soit par la curiosité, soit par l'espoir du butin. Le Juif et le Lombard, méprisant toujours le danger quand ils avaient une chance de profit, commençaient déjà leur trafic avec les hommes d'armes victorieux, et leur donnaient des liqueurs fortes ou des marchandises, en échange des ornemens d'or qu'avaient portés les Gallois vaincus. D'autres servaient d'intermédiaires entre les captifs bretons et ceux qui les avaient faits prisonniers, et quand ils avaient confiance en la solvabilité et en la bonne foi des premiers, ils se portaient leur caution, ou même payaient comptant sur leur acquit la somme fixée pour leur rançon. D'autres, encore plus nombreux, achetaient les captifs qui n'avaient pas le moyen de se racheter eux-mêmes sur-le-champ.

Pour que l'argent gagné ainsi par le soldat ne l'encombrât pas trop long-temps, et n'amortît pas son ardeur pour de nouvelles entreprises, les moyens ordinaires de dissiper le butin qu'il avait fait lui étaient déjà présentés. Des troupes de courtisanes, de baladins, de jongleurs, de ménestrels et de bouffons de toute espèce avaient suivi l'armée pendant sa marche nocturne, et, comptant sur la renommée militaire du célèbre Hugues de Lacy, avaient fait halte sans crainte à quelque distance, pour attendre que la bataille fût livrée et gagnée. Ils s'approchèrent alors en groupes joyeux pour féliciter les vainqueurs. Tandis qu'ils chantaient, dansaient, buvaient, sur le champ de bataille ensanglanté, des villageois, requis à cet effet, ouvraient de larges tranchées pour ensevelir les morts ; des chirurgiens donnaient des soins aux blessés ; des prêtres et des moines les confessaient ; des soldats emportaient le corps des officiers les plus distingués qui avaient succombé ; des paysans déploraient la ruine de leurs récoltes, le pillage ou l'incendie de leurs habitations ; et des veuves et des orphelins cherchaient à découvrir les restes d'un époux et d'un père au milieu des cadavres dont la terre était jonchée. C'était ainsi que la douleur mêlait ses plaintes les plus touchantes à des cris de triomphe et à des clameurs de bacchanales, et la plaine de Garde-Douloureuse formait un singulier pendant au labyrinthe varié de la vie humaine (1), où le plaisir et le chagrin

(1) Allusion à un tableau fort connu. — Éd.

sont si étrangement mêlés, et où la joie et la gaieté sont si souvent voisines de l'affliction et de la mort.

Vers midi, le silence succéda à tous ces différens bruits, et l'attention de ceux qui se réjouissaient comme de ceux qui pleuraient fut également détournée de leurs plaisirs et de leurs chagrins par le son bruyant et lugubre de six trompettes annonçant la triste cérémonie des obsèques du vaillant Raymond Bérenger. Douze moines noirs, venus d'un couvent voisin, sortirent deux à deux d'une tente élevée à la hâte pour y déposer le corps du défunt. A leur tête marchait leur abbé, qui portait une grande croix d'or, et qui entonna le sublime chant catholique *Miserere mei, Domine.* Venait ensuite un corps choisi d'hommes d'armes, portant leurs lances la pointe tournée vers la terre. Les plus vaillans chevaliers de la suite du connétable, qui, comme tous les grands de cette époque, avaient une maison formée presque sur le modèle de celles des rois, suivaient le corps porté sur des lances, et le connétable de Chester lui-même, seul, armé de pied en cap, mais la tête nue, les précédait, conduisant le deuil. Un autre corps d'hommes d'armes, d'écuyers et de pages de noble naissance, terminait le cortège, qui marchait à pas lents, tandis que les trompettes répondaient de temps en temps au chant mélancolique des moines par des accens non moins lugubres.

Le cours du plaisir fut donc arrêté, et celui de l'affliction fut même suspendu un moment, par le spectacle des derniers honneurs rendus à celui qui avait été pendant sa vie le père et le protecteur de ses vassaux.

Le cortège funèbre traversa lentement la plaine, qui depuis quelques heures avait été le théâtre d'événemens si variés, et il s'arrêta devant la porte extérieure des barricades du château, tandis que les trompettes, faisant entendre des sons solennels et prolongés, semblaient inviter la forteresse à recevoir les restes de son vaillant maître. Le cor de la sentinelle de la porte y répondit, le pont-levis fut abaissé, la herse se leva, et le père Aldrovand parut sous le passage voûté, revêtu de ses habits sacerdotaux. A quelques pas derrière lui était la noble orpheline, en grand deuil, avec Rose à côté d'elle, et suivie de toutes les femmes attachées à son service.

Le connétable de Chester s'arrêta devant la porte extérieure, et, montrant la croix en drap blanc qu'il portait sur l'épaule gauche, il salua son neveu Damien, et lui délégua le soin de suivre les restes de Raymond Bérenger à la chapelle du château. Les soldats d'Hugues de Lacy, dont la plus grande partie avaient fait le même vœu que lui, s'arrêtèrent également, tandis que la cloche de la chapelle annonçait que la cérémonie funèbre allait commencer.

Le cortège tourna quelque temps dans ces passages étroits, ménagés avec art pour pouvoir gêner la marche de l'ennemi qui aurait réussi à forcer la première porte, et arriva enfin dans la grande cour, où la plupart des habitans de la forteresse et de ceux qui y avaient cherché un asile dans ces circonstances malheureuses s'étaient réunis pour rendre les derniers devoirs à leur ancien maître. Parmi eux étaient mêlés quelques individus de différentes classes que la curiosité, ou l'espoir de recevoir les vivres qu'il était d'usage de distribuer en pareille occasion, avait amenés près de la porte, et qui, en employant les prières, ou quelques autres argumens, avaient obtenu la permission d'entrer dans le château.

Le corps du défunt fut déposé devant la porte de la chapelle, dont l'ancienne façade gothique formait un des côtés de cette cour ; et les prêtres commencèrent à réciter des prières auxquelles les spectateurs étaient supposés se joindre dévotement d'intention.

Ce fut pendant cet intervalle qu'un homme, à qui sa barbe taillée en pointe, sa ceinture brodée, et son chapeau de feutre gris à haute forme, donnaient l'air d'un marchand lombard, s'adressa à dame Margery, nourrice d'Eveline, à demi-voix, et avec un accent étranger

— Je suis un marchand étranger, ma bonne sœur, lui dit-il, et je suis venu ici dans l'espoir d'y faire quelque profit. Voudriez-vous me dire si je puis espérer de trouver quelques pratiques au château.

— Vous êtes venu à la maleheure, sire étranger, répondit Margery. Vous devez voir vous-même que ce château est un lieu de deuil, et non une place pour débiter des marchandises.

— Les temps de deuil ne sont pas toujours défavorables à tous les commerces, répliqua l'étranger en s'approchant encore de plus près de dame Margery, et en baissant la voix de manière à prendre un ton confidentiel. J'ai des écharpes de soie noire de Perse, des parures de jais, qu'une princesse pourrait porter pour le deuil d'un monarque ; des voiles de Chypre, tels que l'Orient n'en envoie pas souvent ; d'excellent drap noir pour faire des tentures ; en un mot, tout ce que l'usage et la mode peuvent exiger pour exprimer le chagrin et le respect ; et je sais comment marquer ma reconnaissance ceux qui me procurent des pratiques. Pensez-y,

bonne dame; il vous faut ici de pareilles marchandises ;
les miennes sont aussi bonnes que celles d'un autre, et
je les donne à aussi bon marché. Je reconnaîtrai vos
services par le don d'une belle robe ou d'une bourse de
cinq florins, à votre choix.

—Je vous engage, l'ami, dit dame Margery, à prendre
un moment plus convenable pour faire l'éloge de vos
marchandises. Vous ne faites attention ni au temps, ni
au lieu. Si vous m'importunez davantage, je vous re-
commanderai à des gens qui vous feront voir l'autre
côté de la porte du château. Je ne sais pourquoi on y
laisse entrer des colporteurs un jour comme celui-ci. Je
crois qu'ils songeraient à faire quelque marché pour y
gagner, au pied du lit de leur mère, fût-elle à l'agonie.
Et en finissant ces mots, Margery se détourna avec un
air de mépris.

Tandis qu'on le rejetait avec dédain d'un côté, le
marchand sentit qu'on tirait son habit de l'autre, avec
un mouvement doux qui semblait un signe d'intelligence. Se retournant à ce signal, il vit une dame dont
la coiffe noire était placée avec affectation, de manière
à donner une apparence de gravité solennelle à des traits
naturellement vifs, et qui devaient avoir été séduisans
quand elle était jeune, puisqu'on pouvait encore les
voir avec plaisir aujourd'hui que la dame avait une qua-
rantaine d'années. Elle fit un signe au marchand, en
appuyant un doigt sur sa lèvre inférieure, pour lui recommander le silence et la discrétion. Se retirant alors
de la foule, elle alla se placer derrière un arc-boutant
de la chapelle, comme si elle eût voulu éviter d'être ser-
rée dans la foule qui se presserait probablement pour y
entrer quand on y aurait porté le corps du défunt, de-

posé encore devant la porte. Le marchand ne manqua pas de suivre son exemple, et il fut bientôt à côté de sa nouvelle connaissance. Elle ne lui donna pas le temps de lui faire ses propositions, mais elle entama sur-le-champ elle-même la conversation.

— J'ai entendu ce que vous venez de dire à dame Margery, à Margery la prude, comme je l'appelle, c'est-à-dire j'en ai entendu assez pour deviner le reste, car j'ai un œil dans ma tête, je vous le promets.

— Dites que vous en avez deux, ma jolie dame, et aussi brillans que des gouttes de rosée par une matinée de mai.

— Oh! vous dites cela parce que je viens de pleurer, répondit Gillian aux bas écarlates, car c'était elle qui parlait ainsi, et à coup sûr ce n'est pas sans raison, car notre maître était toujours un bon maître pour moi, et il me prenait quelquefois sous le menton en m'appelant la gentille Gillian de Croydon. Non pas que le brave homme fût jamais incivil, car il me mettait toujours ensuite une belle pièce d'argent dans la main. Ah! quel ami j'ai perdu! et cependant il m'a causé plus d'un moment d'humeur, sans en avoir l'intention; car le vieux Raoul est aigre comme du vinaigre, et il y avait des jours où il n'était bon qu'à rester dans son chenil à cause de cela. Mais, comme je le lui disais, il ne m'appartenait pas de faire une malhonnêteté à un si bon maître et à un si puissant baron, parce qu'il me prenait le menton, me donnait un baiser, ou quelque bagatelle de la sorte.

— Il n'est pas étonnant que vous regrettiez un pareil maître.

— Non sans doute, cela ne l'est pas. Mais ensuite

qu'allons-nous devenir? Il est vraisemblable que notre jeune maîtresse va aller chez sa tante, ou qu'elle épousera un de ces De Lacy dont on parle tant; enfin que, d'une manière ou d'autre, elle quittera le château; et alors il est probable que le vieux Raoul et moi on nous enverra paître avec les vieux coursiers de sir Raymond. Dieu sait qu'on ferait aussi bien de le pendre, comme les chiens édentés, car il est sans jambes comme sans dents, et il n'est bon sur la terre à rien que je sache.

— Votre maîtresse est sans doute cette jeune dame en mante noire, qui vient de vouloir se jeter sur le corps du défunt.

— Elle-même, et elle a de bonnes raisons pour le regretter. Elle pourra chercher long-temps avant de trouver un pareil père.

— Je vois que vous êtes une femme de bon sens, dame Gillian. Et ce jeune homme qui la soutient est sans doute son futur?

— Elle a grand besoin de quelqu'un qui la soutienne; et j'en peux dire autant de moi, car qu'ai-je à attendre du pauvre vieux Raoul?

— Mais que dit-on du mariage de votre jeune maîtresse.

— Tout ce qu'on en sait, c'est qu'il en a été question entre notre feu maître et le connétable de Chester, qui est arrivé tout juste ce matin pour empêcher que nous n'ayons le cou coupé par les Gallois, et Dieu sait quoi encore; mais il est question d'un mariage, c'est une chose certaine; et bien des gens pensent que le mari qui lui est destiné, c'est ce Damien, comme on l'appelle, ce jeune homme sans barbe; car, quoique le connétable en ait une, elle est un peu trop grise pour celle d'un nouveau marié. D'ailleurs il part pour la Terre-Sainte, où devraient aller tous les vieux guerriers, et je voudrais qu'il y emmenât Raoul avec lui; mais tout cela n'a rien de commun avec ce que vous disiez relativement à vos marchandises de deuil. C'est une triste vérité que notre pauvre maître est mort; mais qu'en résulte-t-il? vous connaissez le vieux proverbe :

Qu'on l'enterre aujourd'hui, qu'on l'enterre demain,
Il nous faut des habits, de la bière et du pain.

Et quant à vos marchandises, je suis en état de vous donner un coup de main tout aussi bien que Margery la prude, pourvu que vous vous y preniez de la bonne façon; car, si je ne suis pas si avant dans les bonnes graces de la maîtresse, je fais de l'intendant tout ce que je veux.

— Prenez ceci à compte de notre marché, ma jolie dame Gillian; et quand mes chariots seront arrivés, je vous donnerai de plus amples preuves de ma reconnaissance, si vous me faites obtenir le débit de mes marchandises. Mais comment pourrai-je rentrer dans le château? car vous avez tant d'intelligence, que je voudrais vous consulter avant de commencer mon trafic.

— Si les sentinelles sont anglaises, vous n'avez qu'à demander dame Gillian, et il n'y en a pas une qui ne vous ouvre la porte; car nous autres Anglais nous nous soutenons tous, ne fût-ce que par pique contre les Normands. Si ce sont des Normands, vous demanderez le vieux Raoul, en disant que vous venez lui proposer des chiens ou des faucons à acheter; et, une fois entré, je vous réponds que je trouverai moyen de vous parler. Si ce sont des Flamands, dites seulement que vous êtes marchand, et ils vous laisseront entrer par amour pour le commerce.

Le marchand la quitta après lui avoir fait de nouveaux remerciemens, et se mêla parmi les spectateurs, tandis qu'elle se félicitait d'avoir gagné deux florins en se livrant à son goût pour le bavardage, ce qui lui avait coûté cher en d'autres occasions.

Le triste son de la cloche de la chapelle cessa de se faire entendre dès que les restes du noble Bérenger eurent été déposés dans la sépulture où son père reposait déjà. Les guerriers qui étaient venus de l'armée de De Lacy pour assister aux funérailles se rendirent dans une salle du château où on leur offrit, suivant l'usage, des rafraîchissemens auxquels ils firent honneur sans sortir des bornes de la tempérance. Damien De Lacy, se mettant ensuite à leur tête, les reconduisit au camp du connétable en bon ordre et d'un pas lent, comme ils étaient venus.

Les moines restèrent au château pour offrir au ciel des prières pour le défunt et pour les hommes d'armes qui avaient succombé autour de lui. Les corps avaient été tellement défigurés et mutilés par les Gallois pendant et après le combat, qu'il était impossible de distinguer un individu de l'autre; sans quoi le fidèle Denis Morolt aurait obtenu, comme il le méritait, l'honneur d'une sépulture particulière.

CHAPITRE XI.

> « Les mets qu'ont vu servir de tristes funérailles
> « Vont-ils donc devenir un festin d'accordailles? »
> SHAKSPEARE. *Hamlet*

Les cérémonies religieuses qui suivirent les funérailles de Raymond Bérenger durèrent six jours sans interruption. Pendant tout ce temps on distribua aux frais de lady Eveline des aumônes aux pauvres, et des secours à tous ceux qui avaient éprouvé des pertes par suite de l'incursion des Gallois. On servit aussi, suivant l'usage, un banquet funéraire en l'honneur du défunt; mais la jeune orpheline et la plupart des femmes à son service observèrent un jeûne sévère, ce qui paraissait aux Normands une manière plus convenable de montrer leur respect pour les morts que de boire et de manger avec excès, comme c'était la coutume des Saxons et des Flamands en semblable occasion.

Cependant le connétable De Lacy conservait un corps de troupes considérable, campé à peu de distance des murailles de Garde-Douloureuse, afin de pouvoir protéger ce château si les Gallois s'avisaient de vouloir l'attaquer de nouveau. Du reste, il profitait de sa victoire pour jeter la terreur parmi eux en faisant dans leur pays diverses incursions qui étaient marquées par des ravages presque aussi épouvantables que ceux qu'ils commettaient eux-mêmes. Aux maux qui résultent d'une défaite et d'une invasion se joignaient pour les Bretons ceux qui sont la suite de la discorde; car deux parens éloignés de Gwenwyn se disputaient le trône qu'il avait occupé, et en cette occasion, comme en beaucoup d'autres, les Gallois avaient autant à souffrir de leurs dissensions intérieures que de l'épée des Normands. En de pareilles circonstances, un politique aussi habile, un guerrier aussi expérimenté que le célèbre De Lacy, ne pouvait manquer de négocier une paix qui, en privant Powys-Land d'une partie de ses frontières et de quelques positions importantes où il avait dessein de faire construire de nouveaux châteaux-forts, mît la forteresse de Garde-Douloureuse plus à l'abri qu'elle ne l'avait été jusqu'alors de toute attaque subite de la part de ses voisins inquiets et turbulens. Il eut soin aussi de rétablir chez eux les habitans qui avaient fui de leur domicile, et de mettre le domaine qui appartenait alors à une orpheline sans protection dans un aussi bon état de défense que le permettait sa situation sur une frontière ennemie.

Tandis qu'il employait le court intervalle de temps

dont nous venons de parler à s'occuper des intérêts de la fille de Raymond Bérenger, Hugues de Lacy ne chercha pas à troubler sa douleur filiale par une entrevue personnelle. Il se bornait à lui envoyer son neveu tous les matins pour lui présenter ses devoirs dans les termes pompeux usités alors, et pour lui rendre compte de tout ce qu'il faisait relativement à ses affaires. Pénétrée de reconnaissance pour les services importans que lui avait rendus le connétable, et qu'il lui rendait encore, elle recevait toujours Damien, qui allait retrouver son oncle, chargé des remerciemens de l'orpheline, et de son assentiment à tout ce que De Lacy lui faisait proposer.

Mais lorsque ces premiers jours de deuil rigide se furent écoulés, Damien lui dit de la part de son parent que, le traité avec les Gallois étant conclu, et tout se trouvant arrangé dans les environs aussi bien que les circonstances pouvaient le permettre, le connétable de Chester se proposait de retourner chez lui, afin d'y continuer ses préparatifs pour le voyage de la Terre-Sainte, que la nécessité de la venger de ses ennemis avait interrompus.

— Mais, avant de s'éloigner de nous, dit Eveline avec l'élan de reconnaissance que les services qui lui avaient été rendus méritaient si bien, le noble connétable ne recevra-t-il pas les remerciemens personnels de celle qui était si près de sa perte quand il a pris si courageusement sa défense?

— C'est précisément à ce sujet que je suis chargé de vous parler, répondit Damien; mais mon noble parent craint de vous proposer ce qu'il désire bien vivement A peine ose-t-il vous demander la permission de vous entretenir de certaines affaires qu'il regarde comme de haute importance, et qui ne peuvent se traiter qu'entre vous et lui.

— Bien certainement, répondit Eveline en rougissant, il ne peut y avoir aucune inconvenance à ce que je voie le noble connétable quand bon lui semblera.

— Mais son vœu l'empêche de placer sa tête sous un toit avant son départ pour la Palestine, répliqua Damien; et, pour qu'il puisse vous voir, il faut que vous ayez la bonté de vous rendre sous son pavillon, acte de condescendance que, comme chevalier et comme noble normand, il ose à peine demander à une demoiselle de haut lignage.

— N'est-ce que cela? dit Eveline, qui, élevée dans la retraite, ne connaissait pas ces règles d'étiquette rigoureuse que suivaient strictement les demoiselles nobles de son temps à l'égard de l'autre sexe. Et pourquoi n'irais-je pas présenter mes remerciemens à mon libérateur, puisqu'il ne peut venir les recevoir? Dites au noble Hugues de Lacy que c'est à lui et à ses compagnons d'armes, après le ciel, que je dois toute ma gratitude. J'irai sous sa tente, comme dans une chapelle consacrée; et, si cet hommage pouvait lui plaire, j'irais pieds nus, le chemin fût-il parsemé de cailloux et d'épines.

— Mon oncle sera aussi charmé qu'honoré de votre résolution, répondit Damien; mais il cherchera à vous épargner toute peine inutile, et, dans cette vue, il va faire élever sur-le-champ un pavillon en face de la porte de votre château, où l'entrevue qu'il désire pourra avoir lieu, si vous daignez lui accorder la faveur de votre présence.

Eveline y consentit, parce que cet expédient lui était proposé par Damien et paraissait agréable au connétable; mais, dans la simplicité de son cœur, elle ne voyait aucune bonne raison pour ne pas partir sur-le-champ, sous la protection du jeune De Lacy, et sans autre formalité, son château n'étant séparé du camp du connétable que par une portion de la plaine sur laquelle, quelques années auparavant, elle allait poursuivre des papillons et cueillir des fleurs champêtres.

Le jeune envoyé, avec qui elle avait alors acquis une habitude de familiarité, se retira pour aller rendre compte à son oncle du succès de sa mission, et Eveline éprouva la première sensation d'inquiétude pour elle-même qui eût agité son sein depuis que la défaite et la mort de Gwenwyn lui avaient permis de consacrer toutes ses pensées aux regrets que lui inspirait la perte de son père. Mais sa douleur s'était affaiblie d'elle-même, quoique loin d'être épuisée; et maintenant qu'Eveline était sur le point de paraître devant un homme de la renommée duquel elle avait tant entendu parler, et dont elle venait d'éprouver si récemment la puissante protection, ses réflexions se portèrent insensiblement sur la nature et les conséquences de l'entrevue qu'il lui demandait.

Il est vrai qu'elle avait vu Hugues de Lacy au grand tournoi de Chester, où l'éloge de sa valeur et de ses talens militaires était dans toutes les bouches; et lorsqu'il avait déposé à ses pieds le prix qu'il venait d'y remporter, elle avait reçu cet hommage rendu à sa beauté avec tout le plaisir que la vanité flattée peut inspirer à la jeunesse; mais elle n'avait pas une idée bien précise de son extérieur, si ce n'est qu'il était de moyenne taille, qu'il portait une armure d'une richesse peu commune, et que le front qu'elle avait vu lorsqu'il avait levé la visière de son casque lui avait paru chargé à peu près d'autant d'années que celui de son père. Cet homme, dont elle n'avait qu'un souvenir si imparfait, était pourtant celui qu'avait choisi sa protectrice tutélaire, Notre-Dame de Garde-Douloureuse, pour la délivrer de captivité et pour venger la mort de son père; donc son vœu l'obligeait à le regarder comme l'arbitre de sa destinée, s'il jugeait digne de le devenir. Elle fatigua inutilement sa mémoire pour se rappeler quelques-uns de ses traits, afin de pouvoir former quelques conjectures sur son caractère : tous ses efforts furent infructueux, et elle ne fut pas plus heureuse en cherchant à deviner ce qu'il pouvait avoir à lui dire.

Le baron lui-même semblait attacher à cette entrevue une grande importance, et il en donna la preuve par la magnificence des préparatifs qu'il commanda. Eveline pensait qu'une course de cinq minutes pouvait l'amener à la porte de son château, et qu'en dix autres une tente apportée de son camp pouvait y être dressée, si le décorum exigeait absolument que leur conférence eût lieu sous un pavillon. Mais il fut bientôt évident que le connétable voulait mettre un plus grand cérémonial dans leur entretien; car, environ une demi-heure après que Damien eut quitté le château, on vit arriver devant la porte au moins une vingtaine de soldats et d'ouvriers, conduits par un poursuivant d'armes, dont le tabard (1) portait les armoiries de la maison de Lacy; et ils s'occupèrent à y élever un de ces splendides pavil-

---

(1) Cotte d'armes. — Éd

lons dont on se servait dans les tournois et dans les autres occasions d'apparat. Il était de soie pourpre brodée en or, et les cordes qui l'attachaient étaient également d'or et de soie. La porte en était formée par six lances dont le bois était revêtu d'argent, et dont la pointe était de même métal. Elles étaient enfoncées dans la terre deux par deux, et leurs extrémités supérieures se croisaient, de manière à figurer une suite d'arcades couvertes en soie verte, ce qui formait un agréable contraste avec l'or et la pourpre.

L'intérieur de ce pavillon, à ce qu'en rapporta dame Gillian que la curiosité avait engagée à l'aller voir, ainsi que plusieurs de ses compagnes, était digne de sa magnificence extérieure. Le sol était couvert d'un tapis d'Orient; les parois en étaient décorées de belles tapisseries de Gand et de Bruges; et le dôme, en soie bleu de ciel, était arrangé de manière à représenter le firmament, car on y voyait le soleil, la lune et les étoiles, en argent massif.

Ce superbe pavillon avait été fait pour le célèbre Guillaume d'Ypres, qui avait amassé une fortune si considérable, comme général des troupes stipendiées du roi Étienne, par qui il avait été créé comte d'Albemarle. Mais la fortune de la guerre l'avait fait passer en la possession du connétable de Lacy, après un de ces combats acharnés dont il y eut un si grand nombre pendant les guerres civiles entre Étienne et l'impératrice Maude ou Matilde. On n'avait jamais vu le connétable s'en servir; car, quoique riche et puissant, il était généralement simple et sans ostentation, ce qui rendait sa conduite en cette occasion d'autant plus remarquable pour ceux qui le connaissaient. Vers midi, il arriva lui-même à la porte du château, monté sur un beau coursier, et suivi d'écuyers, de pages et de domestiques, tous en grand costume. Il chargea son neveu d'aller annoncer à la dame du château de Garde-Douloureuse que le plus humble de ses serviteurs attendait l'honneur de sa présence.

Parmi les spectateurs qui s'étaient assemblés pour voir arriver le connétable, il s'en trouva beaucoup qui pensèrent qu'il aurait agi plus sagement s'il avait réservé pour sa propre personne une partie de l'éclat et de la splendeur qu'on remarquait dans son pavillon et dans son cortège; car son costume était d'une simplicité qui allait jusqu'à la négligence, et cependant il n'avait pas reçu de la nature un extérieur assez avantageux pour se dispenser tout-à-fait des secours de l'art et de la parure. Cette opinion devint encore plus générale quand il eut mis pied à terre, car jusqu'alors la manière dont il se tenait sur son cheval lui avait donné un air de dignité qu'il perdit dès qu'il eut quitté sa brillante selle d'acier. La célèbre connétable de Chester était à peine de moyenne taille, et ses membres, quoique vigoureux et bien proportionnés, n'avaient ni grace ni aisance. Ses jambes étaient tant soit peu tournées en dedans, ce qui lui donnait, il est vrai, un avantage comme cavalier; il boitait légèrement, une de ses jambes ayant été cassée par une chute de cheval, et remise maladroitement par un chirurgien inexpérimenté. Il en résultait que sa démarche était gênée, et, quoique ses larges épaules, ses bras nerveux et sa large poitrine annonçassent la force dont il avait donné tant de preuves, c'était la force d'un homme gauche et sans graces. Ses discours et ses gestes étaient ceux d'un seigneur qui conversait rarement avec ses égaux, plus rarement encore avec ses supérieurs, c'est-à-dire brefs, décidés, bourrus, presque brusques. Au jugement de ceux qui connaissaient intimement le connétable, il y avait de la dignité et de la bonté dans son œil vif et dans son sourcil bien arqué; mais ceux qui le voyaient pour la première fois en jugeaient moins favorablement, et prétendaient y découvrir une expression d'emportement et de dureté, quoiqu'ils convinssent qu'après tout sa physionomie avait un caractère martial. Il n'avait pas plus de quarante-cinq ans, mais les fatigues de la guerre et les vicissitudes des climats faisaient qu'il paraissait alors avoir au moins dix ans de plus. On n'aurait pas trouvé, dans toute la suite qu'il avait amenée, un seul homme qui ne fût vêtu moins simplement que lui. Il portait seulement le manteau court normand, par-dessus un justaucorps de chamois, qui, étant presque toujours couvert de son armure, était comme taché en plusieurs endroits. Il n'avait sur la tête qu'un chapeau noir, surmonté d'une branche de romarin, en mémoire de son vœu. Sa bonne épée et son poignard étaient suspendus à une ceinture de peau de phoque.

A la tête d'un cortège nombreux et attentif à ses moindres gestes, le connétable de Chester attendit l'arrivée d'Eveline Bérenger à la porte du château de Garde-Douloureuse.

Le son des trompettes dans l'intérieur annonça qu'elle allait paraître. Le pont-levis se baissa, et l'orpheline, conduite par Damien de Lacy en riche costume, et accompagnée de Rose Flammock et de toutes les femmes de sa maison, passa sous la porte antique et massive de la forteresse de son père. Elle était en grand deuil, et sa douleur ne lui ayant permis de se parer d'aucun ornement, elle formait un contraste frappant avec la riche parure de son conducteur, dont les vêtemens brillaient d'or, de broderies et de pierres précieuses, tandis que, sous tout autre rapport, leur jeunesse et leur beauté les eussent fait prendre pour le frère et la sœur. Ce fut probablement cette circonstance qui, lorsqu'ils traversèrent la foule, y fit naître un léger murmure, une sorte de bourdonnement de plaisir, que le respect qu'inspirait le deuil d'Eveline empêcha seul de se changer en acclamations et en applaudissemens.

Dès l'instant que le joli pied d'Eveline eut fait un pas au-delà des palissades qui formaient la barrière extérieure du château, le connétable de Lacy s'avança à sa rencontre, et, appuyant son genou droit sur la terre, il lui demanda pardon de l'acte discourtois auquel son vœu l'avait forcé, en lui exprimant combien il était sensible à l'honneur qu'elle voulait bien lui faire, et en ajoutant que toute sa vie, consacrée à son service, ne suffirait pas pour lui prouver sa reconnaissance.

Cette attitude et ce discours, quoique d'accord avec la galanterie romanesque du temps, causèrent quelque embarras à Eveline; et ce qui y ajoutait encore, c'était que cet hommage lui était rendu en public. Elle supplia le connétable de se relever, et de ne pas augmenter la confusion d'une femme qui ne savait déjà comment s'acquitter de la dette de gratitude qu'elle avait contractée envers lui.

Hugues de Lacy se leva donc; et, après avoir baisé la main qu'Eveline lui présentait, il la pria, puisqu'elle daignait porter si loin la condescendance, de vouloir bien entrer sous l'humble tente qu'il lui avait fait préparer, et de lui accorder l'honneur d'une audience. Eveline ne lui répondit qu'en le saluant, accepta sa main, et ordonnant au reste de sa suite de l'attendre, dit à Rose Flammock de la suivre.

— Milady, dit le connétable, l'objet dont je suis obligé de vous parler à la hâte est d'une nature tout-à-fait secrète.

— Cette jeune fille est attachée à mon service particulier, répondit Eveline; elle connaît jusqu'à la moindre de mes pensées. Je vous prie de souffrir qu'elle assiste à notre entretien.

— J'aurais désiré qu'il eût lieu sans témoins, dit le connétable avec quelque embarras; mais n'importe, je dois me soumettre à tous vos désirs.

Il conduisit Eveline dans le pavillon, la pria de s'asseoir sur des coussins couverts de soie de Venise. Rose se plaça derrière sa maîtresse, appuyant les genoux sur les mêmes coussins, examinant tous les mouvemens de l'illustre guerrier, de l'homme d'état accompli dont la renommée faisait de si grands éloges; jouissant de son air d'embarras comme d'un triomphe remporté par son sexe, et pouvant à peine croire que son justaucorps de chamois et sa taille carrée s'accordassent avec la splendeur de cette scène et la beauté presque angélique d'Eveline, qui jouait, sinon le premier, du moins le second rôle.

— Milady, dit le connétable après avoir hésité quelques instans, je voudrais pouvoir m'expliquer en employant les termes que les dames aiment à entendre, et que votre beauté sans égale mérite bien certainement;

mais j'ai vécu trop long-temps dans les camps et dans les conseils : je ne puis être que franc et précis.

— Je ne vous en comprendrai que plus facilement, milord, répondit Eveline qui tremblait, quoiqu'elle sût à peine pourquoi.

— Je vous parlerai donc avec franchise. Il s'est passé quelque chose entre votre noble père et moi, relativement à une alliance entre nos deux maisons. Il se tut, comme s'il eût attendu une réponse; mais, Eveline gardant le silence, il continua : — Il a présidé au commencement de ce traité, et plût au ciel qu'il eût pu le conduire à sa conclusion avec sa sagesse ordinaire ! mais qu'y faire ? Il a pris un chemin par où il faut que nous passions tous.

— Votre Seigneurie a noblement vengé la mort de son digne ami.

— Je n'ai fait que mon devoir : comme chevalier, en défendant une orpheline en danger; comme seigneur des frontières, en repoussant l'ennemi qui les avait envahies; comme ami, en vengeant un ami. Mais venons au fait. Mon ancienne et noble famille court le risque de s'éteindre bientôt. Je ne vous parlerai pas de mon parent éloigné, Randal de Lacy, car je ne connais rien de bon en lui, rien qui puisse donner la moindre espérance ; et il y a plusieurs années que nous ne nous voyons plus. Mon neveu Damien promet d'être une digne branche de notre ancien tronc; mais à peine a-t-il vingt ans, et il a encore une longue suite d'aventures à courir et de périls à braver avant de pouvoir honorablement songer à rentrer dans la vie privée, pour y remplir les devoirs du lien conjugal. D'ailleurs, sa mère est Anglaise, ce qui ne laisse pas de faire quelque tache à son écusson. Cependant, s'il avait eu dix ans de plus, avec les honneurs de la chevalerie, je crois que j'aurais sollicité pour Damien de Lacy l'honneur auquel j'aspire moi-même à présent.

— Vous, vous, milord ! impossible ! s'écria Eveline en s'efforçant d'atténuer par son air et son accent tout ce que pouvait avoir d'offensant la surprise qu'elle ne put s'empêcher de montrer.

— Je ne suis pas étonné que cette proposition hardie vous surprenne, dit le connétable d'un ton calme ; car, la glace une fois rompue, il avait repris le sang-froid qui lui était habituel. — Je n'ai peut-être pas l'extérieur qui peut plaire aux yeux d'une dame, et j'ai oublié, si jamais je les ai sues, les phrases et les expressions qui charment ses oreilles ; mais, noble Eveline, l'épouse d'Hugues de Lacy sera une des premières dames d'Angleterre.

— Il n'en convient que mieux à celle à qui une si haute dignité est offerte de considérer jusqu'à quel point elle est en état d'en remplir les devoirs.

— A cet égard, je n'ai aucune crainte. Celle qui a été une fille si excellente ne peut être moins estimable dans toute autre situation de la vie.

— Je n'ai pas en moi, milord, répondit Eveline avec embarras, la confiance que vous voulez bien m'accorder....... Je...... pardon, mais je dois vous demander du temps pour réfléchir... pour consulter...

— Votre père, noble Eveline, avait cette union fort à cœur. Vous en verrez la preuve sur ce papier signé de sa main. — Et le connétable plia le genou une seconde fois pour le lui présenter (1). — L'épouse d'Hugues de

(1) Sujet de la vignette du titre de ce volume. — Éd.

Lacy aura, comme le mérite la fille de Raymond Bérenger, le rang d'une princesse. La veuve du connétable jouira du douaire d'une reine.

—Cette attitude suppliante est une dérision, milord, dit Eveline, quand vous faites valoir les ordres de mon père, qui, joints à d'autres circonstances, ajouta-t-elle en soupirant profondément, ne me laissent guère maitresse de ma propre volonté.

Enhardi par cette réponse, De Lacy, qui était resté agenouillé, se releva, s'assit auprès d'Eveline, et continua à la presser de lui accorder sa demande, non avec l'ardeur d'un amant, mais en homme simple et franc, qui faisait dépendre son bonheur de la réponse. On peut bien supposer que la vision qu'elle avait eue dans la chapelle, devant l'image de Notre-Dame de Garde-Douloureuse, occupait en ce moment toutes les pensées d'Eveline, qui, liée par le vœu solennel qu'elle avait fait en cette occasion, se trouva forcée d'avoir recours à des réponses évasives, elle qui eût répondu négativement si elle n'avait eu à consulter que ses propres désirs.

— Vous ne pouvez vous attendre, milord, dit-elle, qu'une orpheline, qui ne l'est que depuis quelques jours, prenne une détermination si prompte sur une affaire d'une telle importance. Accordez-moi le temps nécessaire pour me consulter moi-même et recueillir l'avis de mes amis.

— Hélas, belle Eveline! ne vous offensez pas si je vous presse ainsi. Je suis à la veille de partir pour une expédition lointaine et dangereuse; et le peu de temps qui me reste pour solliciter vos bonnes graces doit servir d'excuse à mes importunités.

— Et c'est dans de telles circonstances, noble De Lacy, que vous voudriez vous charger des liens du mariage ?

— Je suis soldat de Dieu, et celui pour la cause duquel je vais combattre en Palestine défendra mon épouse en Angleterre.

— Écoutez donc ma réponse, milord, dit Eveline en se levant. Demain je pars pour le couvent des bénédictines de Glocester, dont la respectable sœur de mon père est abbesse. Ce sera d'après ses conseils que je me conduirai dans cette affaire.

— C'est une résolution sage et digne de vous, répondit Hugues de Lacy, qui ne parut pas fâché de voir la conférence se terminer ainsi; j'espère même qu'elle ne sera pas défavorable à mon humble demande, car la digne abbesse m'honore depuis long-temps de son amitié

Se tournant alors vers Rose, qui se disposait à suivre sa maîtresse, il lui présenta une chaîne d'or. — Jeune fille, lui dit-il, que cette chaîne orne ton joli cou, et qu'elle m'achète tes bonnes graces.

— Mes bonnes graces ne sont point à vendre, milord, répondit Rose en repoussant le présent qu'il lui offrait.

— Eh bien, quelques mots en ma faveur, dit le connétable en lui présentant la chaîne une seconde fois.

— Il est aisé d'acheter des paroles, milord, dit Rose en la refusant encore; mais elles valent rarement le prix qu'on en donne.

— Méprisez-vous donc mon présent, damoiselle? demanda le connétable. Cette chaîne a paré le cou d'un comte normand.

— Donnez-la donc à une comtesse normande, milord, répondit Rose; je ne suis que Rose Flammock, fille d'un artisan; mes paroles et mes bonnes graces marchent ensemble; et une chaîne d'or n'a pas plus de prix à mes yeux qu'une chaine de cuivre.

— Silence, Rose, lui dit sa maîtresse; vous êtes bien effrontée de parler ainsi au lord connétable. Et maintenant, milord, permettez-moi de vous faire mes adieux, puisque vous avez reçu ma réponse à votre demande. Je regrette que vous ne m'en ayez pas fait une d'une nature moins délicate, afin de pouvoir, en vous l'accordant sans délai, vous prouver ma reconnaissance de vos services.

Hugues de Lacy lui présenta la main pour la conduire hors du pavillon, et, avec le même cérémonial qu'elle était arrivée, elle retourna dans son château, affligée, inquiète du résultat de cette conférence. Elle se couvrit le visage de son grand voile noir, pour qu'on ne pût remarquer le changement qui s'était opéré dans ses traits; et, sans même s'arrêter pour parler au père Aldrovand, elle se retira dans son appartement.

CHAPITRE XII.

› Belles dames d'Écosse et dames d'Angleterre,
» Voulez-vous ici bas goûter quelque bonheur ?
» Ne vous mariez pas pour château, ni pour terre
» N'épousez que celui qu'a choisi votre cœur «

Les Querelles de famille

Lorsque Eveline rentra dans son appartement, Rose l'y suivit d'elle-même, et voulut l'aider à détacher le grand voile qu'elle avait pris pour sortir; mais sa maîtresse se refusa à ses soins, et lui dit : — Vous êtes bien prompte à offrir vos services quand on ne vous les demande pas.

— Vous êtes donc fâchée contre moi, ma chère maîtresse? dit Rose.

— Et si je le suis, ce n'est pas sans raison. Vous savez dans quelle situation difficile je me trouve; vous savez ce que mon devoir exige de moi; et, au lieu de m'aider à accomplir le sacrifice, vous me le rendez plus pénible.

— Plût au ciel que j'eusse assez d'influence sur vous pour vous guider! vous trouveriez un chemin bien aplani, bien droit, bien honorable en même temps.

— Que voulez-vous dire, Rose?

— Que je voudrais vous voir révoquer l'encouragement, le consentement, je puis dire, que vous avez accordé à ce baron orgueilleux. Il est trop grand pour qu'on l'aime, trop fier pour vous aimer comme vous le méritez. Si vous l'épousez, vous épouserez *un malheur doré*, et peut-être le déshonneur le suivra-t-il, comme le regret.

— Rappelez-vous les services qu'il nous a rendus.

— Ses services! Il a hasardé sa vie pour nous, j'en conviens; mais chaque soldat de son armée en a fait autant. Faut-il que j'épouse le premier homme d'armes à qui il plaira de me demander ma main, parce qu'il s'est battu quand la trompette a sonné? Que veulent-ils donc dire par ce mot *devoir* qu'ils répètent si souvent, puisqu'ils ne rougissent pas de réclamer la plus haute récompense qu'une femme puisse accorder, uniquement pour s'être acquittés de ce que tout homme bien né doit à ses semblables quand ils sont dans le malheur? Un homme bien né, ai-je dit? Le dernier paysan de Flandre attendrait à peine un remerciement pour avoir rendu service à une femme en pareille circonstance.

— Mais les désirs de mon père....

— Avaient sans doute pour but le bonheur de sa fille. Je ne ferai pas à mon bon maître, Dieu veuille lui faire miséricorde! l'injustice de croire qu'il vous eût jamais forcée à prendre un époux qui n'aurait pas été l'objet de votre choix.

— Et mon vœu! ce vœu fatal, comme je puis l'appeler! dit Eveline en soupirant. Puisse le ciel me pardonner mon ingratitude envers ma protectrice!

— Je ne m'en inquiète pas davantage. Je ne croirai jamais que Notre-Dame de Merci veuille me faire payer sa protection assez cher pour me forcer à épouser un homme que je ne pourrais aimer. Elle a souri à vos prières, dites-vous. Eh bien! allez déposer à ses pieds les scrupules qui vous tourmentent, et voyez si elle ne sourira pas encore; ou bien demandez à être relevée de votre vœu; achetez-le au prix de la moitié de vos biens, au prix de toute votre fortune. Allez en pèlerinage à Rome les pieds nus ; faites tout au monde plutôt que de donner votre main à celui à qui vous ne pouvez accorder votre cœur.

— Vous parlez avec chaleur, Rose.

— Hélas! ma chère maîtresse, je n'en ai que trop de sujet. N'ai-je pas vu une maison où l'amour n'existait pas ; où, quoiqu'il s'y trouvât honneur, fortune suffisante, et tout ce qui paraît devoir contribuer au bonheur, il n'y avait qu'amertume et regrets, non-seulement inutiles, mais même criminels.

— Il me semble pourtant, Rose, que le sentiment de ce que nous nous devons à nous-même, de ce que nous devons aux autres, peut, si nous le prenons pour guide, nous soutenir et nous consoler même dans des circonstances semblables à celles que vous venez de décrire.

— Ce sentiment nous préservera du péché, mais non du chagrin. Et pourquoi donc nous jetterions-nous, les yeux ouverts, dans une situation où le devoir doit combattre l'inclination? Pourquoi vouloir voguer contre le vent et la marée, quand vous pouvez si facilement profiter d'une brise favorable?

— Parce que le voyage de ma vie me conduit au milieu des vents et des courans contraires; c'est ma destinée, Rose!

— C'est votre destinée, si vous le voulez vous-même. Oh! que n'avez-vous pu voir la pâleur, l'œil terne, l'air triste et abattu de ma pauvre mère! J'en ai déjà trop dit.

— C'était donc de votre famille, c'était de votre mère que vous me parliez tout à l'heure?

— Oui, hélas! oui, répondit Rose en fondant en larmes, j'ai dévoilé ma honte pour vous épargner des chagrins. Elle était bien malheureuse, quoiqu'elle n'eût rien à se reprocher; si malheureuse que, sans moi, la rupture de la digue et l'inondation dans laquelle elle périt auraient été pour elle ce qu'est la nuit au laboureur épuisé de fatigue. Elle avait un cœur comme le vôtre; elle était faite pour aimer et pour être aimée. Et mon père! ce serait faire honneur à ce fier baron que de le lui comparer! et cependant elle était malheureuse! Ah! ma chère maîtresse! profitez de cet exemple, et rompez ce mariage de mauvais augure.

En parlant ainsi, elle serrait la main de sa maîtresse, comme pour appuyer plus fortement sur l'avis qu'elle lui donnait. Eveline lui répondit par une étreinte non moins affectueuse, et lui dit en soupirant : — Rose, il est trop tard!

— Jamais! jamais! s'écria Rose avec vivacité en jetant les yeux autour de la chambre. Où est donc tout ce qu'il faut pour écrire? Permettez-moi d'aller chercher le père Aldrovand, et qu'il écrive sur-le-champ en votre nom au.... Mais non, non; le bon père a encore l'œil ouvert sur les splendeurs du monde qu'il croit avoir abandonné; ce n'est pas le secrétaire qu'il vous faut. J'irai trouver moi-même le lord connétable. Ce n'est pas moi que son rang peut éblouir, sa richesse gagner, son pouvoir intimider. Je lui dirai qu'il n'agit pas en chevalier en vous pressant ainsi, lorsque vous êtes en proie au plus juste chagrin, de souscrire aux arrangemens qu'il a pris avec votre père; qu'il n'agit pas en chrétien en retardant, pour songer au mariage, l'exécution du vœu qu'il a fait; qu'il n'agit pas en homme en forçant une jeune fille à lui donner sa main, quand il sait qu'il ne possède pas son cœur; enfin qu'il agit sans prudence en voulant épouser une femme qu'il faut qu'il abandonne sur-le-champ, soit à la solitude, soit aux dangers d'une cour corrompue.

— Vous n'auriez pas assez de courage pour vous charger d'une telle mission, Rose, lui dit sa maîtresse avec un sourire mélancolique que lui arracha, malgré ses larmes, le zèle ardent de sa jeune suivante.

— Pas assez de courage! et pourquoi non? mettez-moi à l'épreuve. Je ne suis ni Sarrasin ni Gallois, et le fer de sa lance ne m'effraie pas; je ne suis pas sous sa bannière, et je n'ai pas d'ordres à recevoir de lui. Oui, je lui dirai, si vous me le permettez, et je le lui dirai hardiment, qu'il n'est qu'un homme égoïste, qui voile de prétextes spécieux et honorables des désirs qui n'ont pour but que de satisfaire son orgueil, un homme intéressé, qui fonde des prétentions exorbitantes sur des services que l'humanité exigeait de lui. Et pourquoi tout cela ? Parce qu'il faut à l'illustre De Lacy un héritier pour sa noble maison ; que son neveu n'est pas digne de la perpétuer, attendu que sa mère était Anglo-Saxonne, et qu'il faut que ledit héritier soit de pure race normande. Pour cela lady Eveline Bérenger, à la fleur de la jeunesse, épousera un homme qui pourrait être son père, et qui, après l'avoir laissée sans protection pendant je ne sais combien d'années, reviendra usé et cassé de manière à pouvoir passer pour son grand-père.

— Puisqu'il est si scrupuleux sur la pureté du lignage, dit Eveline, peut-être se rappellera-t-il ce qu'un homme si instruit dans l'art héraldique ne peut manquer de savoir, que je suis de race saxonne par la mère de mon père.

— Oh ! cette tache disparaîtra à ses yeux en la personne de l'héritière de Garde-Douloureuse.

— Fi donc, Rose ! vous lui faites injure en le soupçonnant de vues intéressées.

— Cela est possible ; mais on ne peut nier qu'il ne soit ambitieux, et j'ai entendu dire que la cupidité est sœur naturelle de l'ambition, quoique l'ambition soit honteuse de cette parenté.

— Vous parlez avec trop de hardiesse, Rose ; et, quoique je rende justice à votre affection, je dois vous dire qu'il ne vous convient pas de vous exprimer de cette manière.

— Si vous prenez ce ton, je n'ai plus rien à dire, répondit Rose : je puis parler librement à Eveline, que j'aime et qui m'aime ; mais quand je ne vois plus que la châtelaine de Garde-Douloureuse, la fille d'un baron normand, et vous pouvez être tout cela quand vous le voulez, je puis faire la révérence à ma maîtresse aussi bas que ma situation l'exige, et ne pas lui dire la vérité plus qu'elle ne désire l'entendre.

— Tu es une fille aussi bizarre que bonne, Rose; quiconque ne te connaîtrait pas croirait-il que ton air doux et enfantin couvrît une ame de feu? Ta mère doit avoir été aussi sensible, aussi passionnée que tu viens de la dépeindre, car ton père..... ne le défends pas avant qu'il soit attaqué; je veux seulement dire que le bon sens et un jugement sain sont les qualités qui le distinguent davantage.

— Et je voudrais que vous en profitassiez, milady.

— J'y suis disposée en tout ce qui sera convenable; mais il n'est pas tout-à-fait le conseiller qu'il me faut suivre dans l'affaire dont il s'agit.

— Vous vous trompez, milady, et vous ne l'appréciez pas suffisamment. Un jugement sain est semblable à l'aune dont on se sert pour vendre, et qui mesure avec la même exactitude la longueur de la soie des Indes ou du brocart d'or, et celle de l'étoffe la plus grossière.

— Fort bien, fort bien! mais du moins cette affaire n'a rien de très-pressé. Maintenant, Rose, retirez-vous, et envoyez-moi Gillian, ma femme de chambre. J'ai des ordres à lui donner pour mes préparatifs de voyage.

— Cette Gillian, cette femme de chambre, est bien dans vos bonnes graces depuis quelque temps; il n'en a pas toujours été de même.

— Ses manières ne me plaisent pas plus qu'à vous, Rose; mais elle est femme du bon vieux Raoul. Elle était en quelque sorte une demi-favorite de mon père, qui, comme les autres hommes, se laissait peut-être charmer par cet air libre que nous jugeons inconvenant dans les personnes de notre sexe. Et puis il n'y a pas une femme dans le château qui sache si bien arranger une malle, de manière à ne rien gâter de ce qu'elle contient.

— J'avoue, dit Rose en souriant, que cette dernière raison suffit pour lui donner des droits irrécusables, et je vais vous l'envoyer. Mais suivez mon avis, ma chère maîtresse, laissez-la s'occuper de ses paquets et de ses malles, et ne souffrez pas qu'elle bavarde sur ce qui ne la regarde pas.

A ces mots, Rose sortit de l'appartement. Sa jeune maîtresse la suivit en silence, et se dit ensuite à elle-même : — Rose m'aime véritablement; mais elle jouerait le rôle de maîtresse plus volontiers que celui de suivante, et elle est un peu jalouse de toute personne qui approche de moi. Il est bien étrange que je n'aie pas revu Damien de Lacy après mon entrevue avec son oncle. Peut-être croit-il déjà voir en moi une tante sévère.

Les domestiques qui venaient lui demander des ordres relativement à son départ, fixé au lendemain matin, détournèrent le cours de ses pensées, et l'empêchèrent de songer à la situation dans laquelle elle se trouvait. Mais, comme cette situation ne lui offrait en perspective rien de bien agréable, la légèreté si naturelle à la jeunesse fit qu'elle attendit volontiers, pour s'en occuper, un instant où elle aurait plus de loisir.

CHAPITRE XIII.

> » Le repos engendre la rouille,
> » La gaîté naît du changement.
> » Ne souffrons pas qu'on nous verrouille
> » Levons-nous, et partons gaiment
>
> *Ancienne chanson.*

Le lendemain matin une compagnie brillante, malgré le grand deuil que portaient les principaux personnages, quitta de bonne heure le château alors bien défendu de Garde-Douloureuse, qui avait été depuis peu le théâtre d'événemens si remarquables.

Le soleil commençait à absorber les grosses gouttes de rosée tombées pendant la nuit, et à dissiper les vapeurs qui enveloppaient encore le haut des tours et des murailles du château, quand Wilkin Flammock, accompagné de six archers à cheval, et de six lanciers à pied, passa sous la grande porte gothique, et traversa le pont-levis. Après cette avant-garde venaient quatre domestiques bien montés, et pareil nombre de suivantes au service d'Eveline. Arrivait ensuite la jeune châtelaine, placée au centre de son petit cortège en deuil; sa longue robe noire relevait la blancheur du beau palefroi qu'elle montait. Près d'elle était Rose Flammock, sur un cheval genet d'Espagne, présent que lui avait fait son père, qui l'avait acheté à très-haut prix, et qui aurait donné la moitié de tout ce qu'il possédait pour satisfaire le moindre désir de sa fille, Rose Flammock, qui à toute la timidité de la jeunesse joignait tant de jugement et de sensibilité. Dame Margery la suivait, escortée par le père Aldrovand, dont elle recherchait principalement la compagnie, car elle affectait la dévotion; et le crédit dont elle jouissait, comme nourrice d'Eveline, faisait que le chapelain ne croyait pas déroger en se trouvant en sa société, quand ses devoirs ne l'appelaient pas près de la jeune châtelaine. Derrière eux marchaient le vieux piqueur Raoul, sa femme, et deux ou trois officiers de la maison de Raymond Bérenger. L'intendant, avec sa chaîne d'or, son habit de velours, et sa verge blanche, était à la tête de l'arrière-garde, composée de quatre hommes d'armes, et d'une petite troupe d'archers. Cette escorte n'était destinée qu'à donner au départ d'Eveline le degré de pompe et de splendeur convenable, car le connétable de Chester l'attendait à peu de distance, à la tête de trente lances, pour la conduire jusqu'à Glocester. Elle n'avait aucun danger à craindre sous une pareille protection, quand même la défaite complète qu'avaient éprouvée les Gallois n'eût pas mis ces audacieux montagnards hors d'état de troubler pendant quelque temps la tranquillité des frontières.

D'après cet arrangement, qui permettait à l'escorte d'Eveline de retourner au château de Garde-Douloureuse pour en renforcer la garnison et maintenir l'ordre dans tous les environs, le connétable l'attendit près du pont fatal, à la tête d'une troupe d'élite. Les deux détachemens s'arrêtèrent en même temps, comme pour le saluer; mais le connétable, remarquant qu'Eveline s'enveloppait avec soin de son grand voile, et se rappelant la perte douloureuse qu'elle avait faite quelques jours auparavant sur ce lieu même, eut assez de jugement pour se borner à la saluer en silence, mais en s'inclinant si bas que le haut de son panache, car il était armé de toutes pièces, toucha la crinière de son beau coursier.

Wilkin Flammock s'approcha alors d'Eveline, et lui demanda si elle avait quelques ordres à lui donner.

— Aucun, mon bon Wilkin, lui répondit-elle, si ce n'est de continuer à être fidèle et vigilant.

— Ce sont les qualités d'un bon chien, dit le Flamand; qu'on y ajoute un peu de sagacité, des bras vigoureux, et un bon appétit, c'est à quoi je borne toutes mes prétentions. Je ferai de mon mieux. — Adieu, Roschen; tu vas te trouver parmi des étrangers; ne perds pas les qualités qui te faisaient chérir à la maison. Que tous les saints veillent sur toi! Adieu!

L'intendant s'avança ensuite pour prendre congé de sa maîtresse; mais il éprouva un accident qui aurait pu lui être fatal. Il avait plu à Raoul, qui avait le caractère un peu contrariant et bourru, et qui était tourmenté de rhumatismes, de monter un vieux cheval arabe, presque conservé comme étalon, et qui du reste était aussi boiteux que lui-même, rétif et vicieux au dernier point. Une mésintelligence constante avait régné entre le cheval et le cavalier depuis qu'ils étaient sortis du château. On pouvait en juger par les juremens que proférait Raoul, et par la manière dont il tirait la bride de sa monture et lui déchirait les flancs avec ses éperons. Mahound, c'était le nom du cheval, répondit par des gambades, des courbettes et des ruades, en un mot fit tout ce qui était à son pouvoir pour désarçonner son cavalier, en attaquant des pieds tout ce qui était à sa portée.

Bien des gens soupçonnaient que le vieux Raoul donnait la préférence à cet animal vicieux toutes les fois qu'il voyageait avec sa chère moitié, dans l'espoir qu'à force de ruer, de regimber et de caracoler, les pieds de Mahound pourraient venir en contact avec les côtes de dame Gillian. Quoi qu'il en soit, quand l'intendant, fier de son importance, avança sur son palefroi pour faire ses adieux à sa jeune maîtresse et lui baiser la main, les spectateurs crurent remarquer que le vieux Raoul travailla si bien de la bride et des éperons, que Mahound soulevant à l'instant ses pieds de derrière avec courroux, l'un d'eux caressa la cuisse de l'intendant, qui aurait été brisée comme un roseau s'il eût été plus près de l'animal seulement de deux pouces, mais il n'en souffrit pas moins une très-forte contusion. Ceux qui remarquèrent le sourire aigre-doux qui parut alors sur les joues ridées du vieux piqueur ne purent guère douter que Mahound n'eût été chargé de punir certains signes d'intelligence qui avaient eu lieu entre le fonctionnaire à chaîne d'or et la femme de chambre coquette, depuis qu'on avait quitté le château.

Cet incident abrégea les adieux solennels que toute la suite d'Eveline se disposait à lui faire, et détourna de son esprit l'idée qu'à compter de ce moment elle allait se trouver entièrement sous la protection du connétable.

Hugues de Lacy, ayant ordonné à six de ses gens d'armes de marcher comme garde avancée, s'arrêta un instant pour faire placer l'intendant sur une litière, et se mit ensuite en marche militairement avec le reste de sa troupe, à une centaine de pas d'Eveline, s'abstenant de se présenter à elle dans un moment où elle pouvait être occupée de prières, naturellement suggérées par le lieu où il l'avait rencontrée. Il attendit patiemment qu'elle éprouvât le besoin de se distraire des idées sombres que son passage à travers une plaine si funeste devait lui avoir inspirées.

Guidé par cette politique, le connétable n'approcha d'Eveline que lorsque, la matinée commençant déjà à s'avancer, il crut devoir la prévenir qu'il y avait dans le voisinage un endroit fort agréable où elle pourrait fort bien se reposer, et où il avait pris la liberté de faire préparer quelques rafraîchissemens. Eveline le remercia de son attention, et quelques instans après ils arrivèrent au lieu dont il parlait, remarquable par un vieux chêne qui étendait au loin ses branches touffues, et qui rappelait au voyageur celui sous lequel des anges acceptèrent l'hospitalité d'un patriarche. Sur les deux plus grosses branches on avait étendu une pièce de taffetas rose, servant de protection contre les rayons ardens du soleil. Des coussins couverts, les uns de soie, les autres des dépouilles des animaux tués à la chasse, étaient rangés autour d'un repas servi sur le gazon, et dans lequel un excellent cuisinier normand avait cherché à se distinguer de la profusion grossière des Saxons et de la simplicité frugale des Gallois. Une source qu'on voyait jaillir, à quelque distance, de grosses pierres couvertes de mousse, formait une fontaine de cristal limpide, dont le murmure harmonieux invitait les lèvres à la goûter, offrant en même temps une citerne pour y faire rafraîchir quelques flacons de vin de Gascogne et d'hippocras (1), ce qui était alors l'accompagnement nécessaire d'un déjeuner.

Lorsque Eveline, Rose, le père Aldrovand, et à quelque distance d'eux dame Margery, eurent pris place à ce banquet champêtre, le bruit des feuilles légèrement agitées, le murmure des eaux, le gazouillement d'une foule d'oiseaux, la gaieté qu'on voyait régner parmi l'escorte, qui déjeunait aussi un peu plus loin, tout se réunit pour faire sentir à Eveline qu'on n'aurait pu choisir un lieu plus favorable pour y faire une halte, et elle ne put s'empêcher d'en faire compliment au connétable.

— Ce n'est pas tout-à-fait à moi qu'il faut en savoir gré, répondit le baron; c'est mon neveu Damien qui a choisi cet endroit; car il a de l'imagination comme un ménestrel. Quant à moi, j'avoue que j'ai l'esprit un peu lent à inventer de telles galanteries.

Rose fixa les yeux sur sa maîtresse, comme si elle eût voulu lire au fond de son ame; mais Eveline répondit avec la plus grande simplicité : — Et pourquoi le noble

(1) Breuvage composé de vin, de sucre et de canelle. — Éd.

Damien ne nous a-t-il pas attendus pour partager avec nous le repas qu'il nous a fait préparer?

— Il préfère nous précéder avec un détachement de cavalerie légère, dit Hugues de Lacy; car quoiqu'à présent il n'y eût rien à craindre de ces coquins de Gallois, il se trouve toujours des maraudeurs et des brigands sur les frontières, et, non contens de vous protéger d'une escorte imposante, nous ne voulons pas que vous soyez alarmée même par une apparence de danger.

— Il est vrai que, depuis peu, je n'ai vu le danger que de trop près, répondit Eveline. Et elle retomba dans la mélancolie que la nouveauté de la scène avait dissipée un instant.

Cependant le connétable, avec l'aide de son écuyer, ôta son casque et ses gantelets, mais garda sa cotte de mailles faite d'anneaux d'acier flexibles et artistement entrelacés; puis il se couvrit la tête d'une toque de velours d'une forme particulière, adoptée par les chevaliers, et qu'on appelait un mortier; ce qui lui permettait de causer et de manger plus facilement que s'il eût porté son armure complète. Sa conversation était simple et instructive. Il la fit tourner sur la situation du pays, et sur les moyens de gouverner et défendre une frontière dont la tranquillité était si souvent troublée. Eveline, dont l'un des plus vifs désirs était de protéger efficacement les vassaux de son père, finit par y prendre intérêt. Le connétable, de son côté, paraissait fort satisfait; car, quelque jeune que fût Eveline, ses questions prouvaient de l'intelligence, et ses réponses de l'instruction jointe à une aimable modestie. En un mot, il s'établit entre eux une telle familiarité, que, lorsqu'on se remit en route, le baron parut croire que la place qu'il lui convenait d'occuper pendant la marche était à la gauche de lady Eveline; et quoiqu'elle ne l'encourageât certainement pas à y rester, elle ne semblait nullement désirer qu'il s'éloignât. Hugues de Lacy, bien que captivé par les charmes et les qualités aimables de la belle orpheline, n'était pas un amant fort ardent; il se contenta donc de voir que sa compagnie était soufferte, et ne chercha pas à profiter de cette occasion pour revenir sur l'explication de la veille.

On s'arrêta une seconde fois à midi, dans un petit village où le même pourvoyeur avait eu soin de faire préparer un dîner, et tout ce dont Eveline pouvait avoir le moindre besoin; mais, à la grande surprise de la jeune châtelaine, il continua à être invisible. L'entretien du connétable de Chester était sans doute fort intéressant; mais à l'âge d'Eveline on peut pardonner à une jeune fille le désir d'ajouter à sa société un homme moins âgé et moins sérieux. Quand elle se rappelait la régularité avec laquelle il était venu tous les jours au moins une fois, lui rendre ses devoirs, au château de Garde-Douloureuse, son étonnement augmentait encore. Ses réflexions n'allèrent pourtant pas plus loin. C'était un regret passager sur l'absence d'un compagnon agréable, qui n'aurait pas été de trop dans des entretiens d'un intérêt très-limité. Elle prêtait patiemment l'oreille au compte que lui rendait le connétable de la famille et des ancêtres d'un chevalier de haute naissance, nommé Herbert, dans le château duquel il avait dessein qu'elle passât la nuit suivante, quand un homme de l'escorte annonça l'arrivée d'un messager envoyé par la dame de Baldringham.

— La respectable tante de mon père! dit Eveline en

se levant à la hâte, pour montrer le respect que les mœurs de ce temps exigeaient pour la vieillesse et la parenté.

— J'ignorais, dit le connétable, que mon digne ami eût une si proche parente.

— Elle était sœur de mon aïeule, répondit Eveline : c'est une noble dame saxonne; mais elle fut si courroucée de l'alliance contractée par sa sœur avec un Normand, qu'elle ne la revit jamais après son mariage.

Eveline n'en put dire davantage, car le messager, qui avait l'air d'un intendant de grande maison, parut en ce moment, et, fléchissant le genou, lui présenta une lettre de la part de sa maîtresse. Eveline la remit au père Aldrovand pour lui en faire la lecture. Elle n'était pas écrite en français, langue dont se servaient alors généralement toutes les personnes de distinction, mais en vieux saxon, modifié cependant par quelque mélange de français. Elle contenait l'invitation suivante :

— « Si la petite-fille d'Aelfreid de Baldringham conserve assez de sang saxon dans ses veines pour désirer voir une vieille parente, qui habite encore la maison de ses ancêtres, et qui a conservé leurs mœurs, elle est invitée à se reposer cette nuit dans la demeure d'Ermengarde de Baldringham. »

— Vous jugerez sans doute à propos de refuser cette invitation, dit Hugues de Lacy; le noble Herbert nous attend, et a fait de grands préparatifs pour nous recevoir.

— Votre présence le consolera de mon absence, milord, répondit Eveline; ma tante fait des avances pour une réconciliation, et il convient que j'y réponde, puisqu'elle y met tant de condescendance.

Le front du connétable parut se rembrunir, car il avait rarement éprouvé quelque contradiction à ses volontés. — Je vous prie de réfléchir, lui dit-il, que la maison de votre tante est probablement sans défense, ou du moins imparfaitement gardée. Votre bon plaisir est-il que je vous y accompagne?

— Ma tante seule, milord, pourrait dire si cette précaution est nécessaire. Mais, comme elle n'a pas jugé à propos de requérir l'honneur de votre compagnie, il me semble qu'il ne me convient pas de vous permettre de vous donner la peine de m'y suivre ; je ne vous en ai déjà que trop occasioné.

— Mais le soin de votre sûreté, milady? répliqua le connétable, qui éprouvait de la répugnance à quitter Eveline.

— Ma sûreté, milord, ne peut être en danger dans la maison d'une si proche parente. Quelles que soient les précautions qu'elle a jugé à propos de prendre pour la sienne, elles doivent être suffisantes pour me garantir de tout péril.

— Je désire que vous ne vous trompiez pas, dit Hugues de Lacy ; mais j'y ajouterai celle de placer près du château une patrouille qui ne le perdra pas de vue tant que vous y resterez.

Il se tut, et ajouta ensuite, en hésitant un peu, qu'il espérait qu'Eveline, allant visiter une parente dont les préventions contre les Normands étaient généralement connues, se tiendrait en garde contre tout ce qu'elle pourrait entendre à ce sujet.

Elle lui répondit avec un air de dignité qu'il n'était pas probable que la fille de Raymond Bérenger voulût écouter rien qui pût blesser l'honneur d'une nation dont son père était issu ; et le connétable fut obligé de se contenter de cette réponse, désespérant d'en recevoir une plus satisfaisante. Il se souvint aussi que le château d'Herbert n'était qu'à deux milles de celui de la dame de Baldringham, et qu'Eveline ne devait passer qu'une seule nuit chez sa tante ; mais il sentait la différence que le nombre des années mettait entre eux, et peut-être se rendait-il même la justice de convenir qu'il ne possédait pas ces dons superficiels auxquels on suppose tant de pouvoir pour gagner le cœur des femmes ; ces pensées lui donnaient quelques inquiétudes. Il conserva, l'après-midi, la place qu'il avait prise près d'Eveline après le déjeuner ; mais il garda le silence, songeant moins à profiter de l'occasion de l'entretenir, qu'à réfléchir sur ce qui pourrait arriver le jour suivant. Ils voyagèrent de cette manière jusqu'au lieu où ils devaient se séparer pour la nuit.

C'était une hauteur d'où l'on pouvait voir, sur la droite, le château d'Amelot-Herbert, s'élevant sur une colline avec toutes ses tours gothiques ; et à gauche, au milieu d'un bois de chênes, l'antique maison où la dame de Baldringham maintenait les coutumes des Anglo-Saxons, et avait en haine et en mépris toutes les innovations introduites en Angleterre depuis la bataille d'Hastings.

Là le connétable, ayant donné ordre à une partie de sa troupe de conduire Eveline chez sa parente, et de veiller toute la nuit sur la maison, mais à une distance suffisante pour ne pouvoir ni en offenser la maîtresse, ni lui donner d'ombrage, baisa la main de la jeune orpheline, et prit congé d'elle à regret.

Eveline entra alors dans un chemin si peu battu,

qu'il annonçait combien était solitaire la maison où elle se rendait. De belles vaches, d'une race précieuse et peu commune, paissaient sur de riches pâturages, et de temps en temps quelques daims qui semblaient avoir perdu leur timidité naturelle, traversaient les clairières du bois, ou se reposaient en petits groupes au pied de quelque grand chêne. Le plaisir passager que cette scène de tranquillité champêtre devait faire éprouver à Eveline se changea en pensées plus sérieuses quand un coude que faisait la route la plaça en face de la maison qu'elle n'avait pas revue depuis l'endroit où elle avait quitté Hugues de Lacy.

Cette maison, car on ne pouvait lui donner le nom de château, n'avait qu'un étage au-dessus du rez-de-chaussée, et était aussi massive que peu élevée. Le haut des portes et des croisées offrait ce lourd segment de cercle qu'on appelle ordinairement l'arche saxonne ; les murs étaient tapissés de diverses plantes grimpantes dont rien n'avait arrêté la végétation, et l'herbe croissait sur le seuil de la porte, à laquelle était attachée une corne de buffle suspendue à une chaine de cuivre. Cette porte, en bois de chêne noir d'une épaisseur peu ordinaire, formait une entrée qu'on aurait pu prendre pour celle d'un cimetière ruiné, et personne ne s'y présenta pour recevoir Eveline et la féliciter de son arrivée.

— Si j'étais à votre place, milady, lui dit dame Gillian, toujours officieuse, je tournerais bride ; ce vieux donjon paraît ne devoir offrir ni nourriture ni couvert pour des chrétiens.

Eveline imposa silence à sa femme de chambre indiscrète ; mais un regard qu'elle jeta sur Rose annonça qu'elle éprouvait elle-même une sorte de malaise. Cependant elle ordonna au vieux Raoul de sonner de la corne suspendue à la porte. — J'ai entendu dire, ajouta-t-elle, que ma tante aime tant les anciennes coutumes, qu'elle n'en admet aucune chez elle qui ne remonte au moins au temps d'Édouard-le-Confesseur.

Raoul obéit aux ordres de sa maîtresse, en maudissant l'instrument grossier qui mettait sa science en défaut; au lieu d'un son plein et régulier, il ne fit entendre qu'un bruit discordant qui, malgré l'épaisseur des murs, parut les ébranler jusque dans leurs fondations. Il répéta deux fois ce signal sans que personne y répondît; mais à la troisième, la porte s'ouvrit, et plusieurs domestiques des deux sexes parurent dans un vestibule étroit et obscur, à l'extrémité duquel un grand feu de bois jetait des tourbillons de flamme et de fumée dans une cheminée sculptée. Le manteau de ce large foyer antique était surmonté d'une longue rangée de niches, dans chacune desquelles figurait la statue d'un saint saxon, dont on aurait peine à trouver le nom barbare dans le calendrier de l'église romaine.

Le même officier qui avait apporté à Eveline l'invitation de sa tante s'avança alors vers elle, à ce qu'elle supposa, pour l'aider à descendre de cheval, mais c'était pour le prendre par la bride, le faire entrer dans le vestibule, et le conduire jusqu'à une petite plate-forme où il fut enfin permis de mettre pied à terre. Deux matrones d'un âge avancé, et quatre jeunes filles qui devaient leur éducation aux bontés d'Ermengarde, s'approchèrent avec respect. Eveline ouvrait la bouche pour leur demander des nouvelles de sa tante, mais les matrones mirent un doigt sur leurs lèvres, comme pour l'inviter au silence, geste qui, joint à la singularité de sa réception sous d'autres égards, ajouta encore à la curiosité qu'elle avait de voir sa parente.

Cette curiosité fut bientôt satisfaite. On ouvrit une porte à deux battans située près de la plate-forme, et Eveline entra dans une grande salle fort basse, ornée d'une tapisserie en haute lice, au bout de laquelle, sous une espèce de dais, était assise la vieille dame de Baldringham. Ses quatre-vingts ans bien accomplis n'avaient pas éteint le lustre de ses yeux, ni fait fléchir d'un pouce sa taille majestueuse; ses cheveux gris étaient encore assez touffus pour former sur sa tête une coiffure ornée d'une guirlande de feuilles de lierre; sa longue robe retombait en plis nombreux autour d'elle, et sa ceinture brodée était attachée par une grande boucle d'or dans laquelle étaient enchâssées des pierres précieuses qui auraient valu la rançon d'un comte. Ses traits avaient été autrefois beaux, ou pour mieux dire imposans; ils avaient encore, quoique flétris et ridés, un caractère de grandeur sérieuse et mélancolique, parfaitement assorti avec ses vêtemens et ses manières. Elle avait en main une baguette d'ébène, et à ses pieds était couché un grand chien-loup qui dressa ses oreilles et hérissa son poil en voyant une étrangère, spectacle rare dans cette maison, s'avancer vers le fauteuil sur lequel sa vieille maîtresse restait immobile.

—Paix, Thryme! dit la vénérable dame; et toi, fille de l'ancienne maison de Baldringham, approche, et ne crains pas son ancien serviteur.

Le chien, à la voix de sa maîtresse, avait repris sa première posture, et sans le feu de ses yeux rouges on aurait pu le prendre pour un emblème hiéroglyphique, placé aux pieds de quelque antique prêtresse de Woden ou de Freya, tant l'extérieur d'Ermengarde, avec sa baguette et sa guirlande, rappelait les idées du temps du paganisme. Pourtant celui qui aurait eu d'elle une pareille opinion aurait fait injure à une vénérable matrone chrétienne, qui avait donné bien des acres de terre à la sainte Eglise, en l'honneur de Dieu et de saint Dunstan.

L'accueil que fit Ermengarde à Eveline fut d'un genre aussi antique et aussi solennel que son extérieur et sa maison. Elle ne se leva pas de son fauteuil quand sa nièce approcha d'elle, et quand Eveline s'avança pour l'embrasser, elle l'arrêta en appuyant la main sur son bras, et examina tous ses traits en détail, avec la plus scrupuleuse attention.

— Berwine, dit-elle à l'une des deux matrones, qui était sa favorite, notre nièce a la peau et les yeux de la ligne saxonne, mais elle tient de l'étranger la couleur de ses cheveux et de ses sourcils. Tu n'en es pas moins la bienvenue chez moi, jeune fille, ajouta-t-elle en s'adressant à Eveline, surtout si tu peux te résoudre à entendre dire que tu n'es pas tout-à-fait une créature parfaite, malgré le contraire que t'ont déjà persuadé sans doute les flatteurs qui t'entourent.

A ces mots, elle se leva enfin, et donna à sa nièce un baiser sur le front. Elle continua pourtant à la tenir par le bras, et l'attention qu'elle avait donnée jusqu'alors à ses traits se dirigea sur ses vêtemens.

— Que saint Dunstan nous préserve de toute vanité! s'écria-t-elle. Et voilà donc la mode du jour! Ah, sainte Marie! des jeunes personnes modestes portent des tuniques semblables, qui montrent la forme de leur personne, aussi clairement que si elles étaient nues ! Et voyez, Berwine, les babioles qu'elle a autour du cou, et ce cou lui-même découvert jusqu'à l'épaule ; voilà pourtant les manières que les étrangers ont apportées en Angleterre ! Et cette poche qui a l'air de la gibecière d'un jongleur ; je réponds qu'il ne s'y trouve rien qui concerne les soins domestiques du ménage. Et ce poignard qui la ferait prendre pour la femme d'un ménestrel courant le pays en habit d'homme pour jouer son rôle dans une mascarade. Vas-tu jamais à la guerre, jeune fille, pour porter ainsi de l'acier à ton côté?

Ce commentaire désobligeant sur ses vêtemens surprit et mécontenta Eveline, et elle y répondit avec quelque vivacité :

— La mode peut avoir changé, madame ; mais mes vêtemens sont ceux que portent toutes les jeunes personnes de mon âge et de mon rang. Quant au poignard, il n'y a que peu de jours que je le regardais encore comme ma dernière ressource contre le déshonneur.

— La jeune fille parle bien et hardiment, Berwine, dit Ermengarde ; et, sauf quelques détails de son accoutrement, elle est mise d'une manière qui lui sied. Ton père, à ce que j'ai appris, est mort en chevalier sur le champ de bataille?

— Il n'est que trop vrai ! répondit Eveline ; et ses yeux se remplirent de larmes au souvenir d'une perte si récente.

— Je ne l'ai jamais vu, dit Ermengarde. Comme les autres Normands, il n'avait que du mépris pour la race saxonne, avec laquelle ils ne font alliance que par intérêt, comme la ronce cherche à s'appuyer sur l'ormeau. Ne cherche pas à prendre sa défense, ajouta-t-elle en voyant que sa nièce se disposait à parler; j'ai connu l'esprit normand bien des années avant que tu fusses née.

En ce moment l'intendant entra dans l'appartement, et saluant sa maîtresse un genou en terre, il lui demanda quelles étaient ses intentions relativement à la garde de soldats normands qui étaient restés devant la porte.

— Des soldats normands devant la maison de Baldringham! s'écria la vieille dame. Qui les y a amenés? Que viennent-ils faire?

— Je crois, répondit l'intendant, qu'ils sont venus pour garder cette jeune dame.

— Quoi, ma fille! dit Ermengarde d'un ton de reproche mélancolique, n'oses-tu passer une nuit sans gardes dans le château de tes ancêtres?

— A Dieu ne plaise! répondit Eveline. Ces soldats ne sont ni à moi, ni sous mes ordres. Ils font partie du cortège du connétable de Lacy, qui les a chargés de veiller autour de ce château, de crainte des brigands.

— Des brigands! répéta Ermengarde, Les brigands n'ont fait aucun tort à la maison de Baldringham, depuis qu'un brigand normand lui a enlevé son trésor le plus précieux en la personne de ton aïeule. Et ainsi, pauvre oiseau, tu es déjà captif! tu ne peux voltiger que d'une aile! Mais c'est le sort de ta position; pourquoi me causerait-il de la surprise ou du dépit? Une jolie fille, avec une riche dot, n'a-t-elle pas toujours été destinée, presque dès l'enfance, à devenir l'esclave d'un de ces roitelets qui ne nous permettent de regarder comme à nous que ce qui n'excite pas leur envie? Eh bien, je ne puis t'être d'aucun secours. Je ne suis qu'une pauvre femme, sans crédit, faible par son âge comme par son sexe. Et duquel de ces Lacy es-tu destinée à devenir l'humble servante?

Une question faite de cette manière, et par une femme dont les préventions étaient si fortement enracinées, n'était pas propre à tirer d'Eveline l'aveu des véritables circonstances dans lesquelles elle se trouvait placée, car il n'était que trop clair que sa parente saxonne ne pouvait lui donner ni bons conseils, ni secours efficaces. Elle se borna donc à répondre que, comme la présence des Lacy, et des Normands en général, n'était pas agréable à sa tante, elle allait prier le commandant du détachement de se retirer à une plus grande distance.

— Non pas, ma nièce, dit la vieille dame; comme nous ne pouvons éviter d'avoir ces Normands dans les environs, peu importe qu'ils soient un peu plus près ou un peu plus loin de nos murs, pourvu qu'ils n'y entrent point. Berwine, dites à Hundwolf de noyer ces Normands de boisson, et de les gorger de vivres, les meilleurs vivres, les liqueurs les plus fortes; qu'ils ne puissent dire que la vieille Saxonne manque d'hospitalité. Faites mettre en perce une pièce de vin, car leur fier estomac dédaignerait sans doute l'ale.

Berwine, qui portait à sa ceinture un trousseau de grosses clefs, sortit pour faire exécuter les ordres de sa maîtresse, et revint quelques instans après. Cependant Ermengarde continuait à questionner sa nièce, et d'une manière encore plus pressante.

— Ne veux-tu pas, ou ne peux-tu pas me dire duquel de ces Lacys tu dois être l'humble servante? Est-ce du présomptueux connétable, qui, couvert d'une armure impénétrable, et monté sur un coursier vigoureux et agile, aussi invulnérable que lui-même, est tout fier de fouler aux pieds et de pourfendre à son aise des piétons gallois, sans armes défensives ? Est-ce de son neveu imberbe, le jeune Damien ? Ou tes biens doivent-ils réparer la fortune de son cousin, ce dissipateur ruiné, qui ne peut plus, faute d'argent, se pavaner parmi ces croisés débauchés ?

— Ma chère tante, répondit Eveline, à qui il était naturel que de pareilles questions déplussent, j'espère que votre nièce ne deviendra jamais l'humble servante ni d'aucun des Lacys, ni de quelque homme que ce soit, Saxon ou Normand. Avant la mort de mon honorable père, il avait été pris entre lui et le connétable des arrangemens qui font que je ne puis, quant à présent, refuser ses bons offices; mais le destin doit décider quel en sera le résultat.

— Mais je puis te faire voir, ma nièce, de quel côté penche la balance du destin, dit Ermengarde en baissant la voix d'un ton mystérieux. Celles qui nous sont unies par le sang ont en quelque sorte le privilège de percer au-delà du présent, et de voir d'avance les épines ou les fleurs qui doivent un jour nous couronner la tête.

— C'est une connaissance que je ne désirerais pas acquérir, ma chère tante, quand même je pourrais l'obtenir sans contrevenir aux préceptes de l'Église. Si j'avais pu prévoir tout ce qui m'est arrivé depuis quelques jours, j'aurais perdu la jouissance de tous les momens de bonheur que j'ai eus jusqu'à cette époque.

— Il faut pourtant que, comme les autres jeunes

filles de ta race, tu te soumettes à la règle établie dans cette maison de passer la nuit dans la chambre du Doigt-Rouge. Berwine, faites-la préparer pour la réception de ma nièce.

— Je... j'ai entendu parler de cette chambre, dit Eveline avec timidité, et si c'était votre bon plaisir, j'aimerais mieux passer la nuit ailleurs. Ma santé a souffert des dangers et des fatigues auxquels j'ai été exposée tout récemment, et avec votre permission j'attendrai une autre occasion pour me conformer à l'usage qu'on m'a dit être particulier aux filles de la maison de Baldringham.

— Et dont cependant vous voudriez vous dispenser, dit la vieille Saxonne en fronçant les sourcils d'un air courroucé. Une telle désobéissance n'a-t-elle pas déjà coûté assez cher à votre maison?

— En vérité, mon honorable et gracieuse maîtresse, dit Berwine, qui ne put s'empêcher d'intercéder, quoiqu'elle connût parfaitement le caractère opiniâtre d'Ermengarde, il est à peine possible de mettre cet appartement en état de recevoir lady Eveline, et elle me semble si pâle et si souffrante que, s'il m'était permis de vous donner un avis, je vous engagerais à différer cette épreuve.

— Tu es une folle, Berwine, répondit la vieille dame d'un ton ferme; crois-tu que je veuille attirer des calamités sur ma maison, en souffrant que cette jeune fille en sorte sans avoir rendu hommage au Doigt-Rouge, suivant la coutume? Qu'on prépare cette chambre; il ne faut pas de grands préparatifs, si elle n'est pas aussi difficile que les Normands sur son coucher et son logement. Ne réplique pas, et fais ce que je t'ordonne. — Et toi, Eveline, es-tu assez dégénérée de l'esprit de bravoure de tes ancêtres pour ne pas oser passer quelques heures dans cette ancienne chambre?

— Je suis chez vous, madame, répondit Eveline, et je dois me contenter de l'appartement qu'il vous plaira de m'assigner. J'ai autant de courage que peuvent en donner l'innocence et quelque orgueil dû au sang qui coule dans mes veines. Ce courage a été mis depuis peu à de cruelles épreuves ; mais, si tel est votre bon plaisir, et puisque c'est l'usage de votre maison, mon cœur a encore assez de force pour se soumettre à ce que vous exigez de moi.

Elle se tut d'un air mécontent, car, jusqu'à un certain point, elle ne pouvait s'empêcher de regarder la conduite de sa tante comme désobligeante et peu hospitalière. Et cependant, quand elle réfléchissait à la légende relative à la chambre qui lui était destinée, il lui était impossible de ne pas convenir que la dame de Baldringham avait de bonnes raisons pour agir comme elle le faisait, d'après les traditions de sa famille et la croyance du temps, qu'Eveline elle-même partageait sincèrement.

CHAPITRE XIV.

» Des spectres j'entendis les soupirs lamentables,
» Des sons surnaturels, des cris épouvantables.
» Une voix dont l'écho soudain m'intimida
» Ma mère m'apparaît, et crie : Almeyda !
» Prends garde, Almeyda, cet hymen est un crime ! »

DRYDEN *Don Sebastien*.

La soirée qu'Eveline passa chez la dame de Baldringham lui aurait paru bien longue et d'un ennui mortel, si la crainte d'un péril ne donnait pas toujours des ailes au temps qui s'écoule jusqu'à l'heure redoutée. Si elle trouvait peu d'amusement dans la conversation de sa tante et de Berwine, si elle prenait peu d'intérêt à l'énumération de la longue suite de leurs ancêtres depuis le belliqueux Horsa, aux exploits des guerriers saxons, et même aux miracles opérés par des moines saxons, du moins elle avait plus de plaisir à écouter ces légendes, qu'à songer à l'instant où il lui faudrait se retirer pour la nuit dans le fatal appartement.

Ermengarde chercha pourtant à procurer à sa nièce tous les amusemens qu'on pouvait trouver dans sa maison. On servit un repas somptueux qui aurait pu suffire à vingt hommes affamés, quoiqu'il n'y eût à table avec elle qu'un vieux et grave moine saxon qui prononça le bénédicité, Berwine et Rose Flammock. Eveline fut d'autant moins portée à faire honneur à cet excès d'hospitalité, que tous les mets, substantiels suivant l'usage des Saxons, faisaient un vrai contraste avec la chère délicate et recherchée à laquelle les Normands étaient habitués; de même que la quantité modérée qu'elle prenait ordinairement du vin léger et généreux de Gascogne, et qu'elle mêlait avec plus de la moitié d'eau pure, lui paraissait bien préférable à la double ale, au pigment épicé, à l'hippocras, et aux autres liqueurs fortes que l'intendant Hundwolf lui présentait tour à tour inutilement, pour exalter l'hospitalité de la maison.

Les autres amusemens de la soirée n'étaient pas plus du goût d'Eveline que ce repas saxon. Quand on eut retiré les planches sur lesquelles le souper avait été servi, des domestiques, commandés par l'intendant, allumèrent de longues torches de cire, dont l'une était destinée à marquer le temps qui s'écoulait. Les heures étaient annoncées par de petites boules d'airain suspendues à la torche par un fil qui la traversait, à égale distance l'une de l'autre; et, quand cet intervalle de temps était écoulé, le fil brûlait, et la boule tombait dans un bassin d'airain destiné à la recevoir;

ce qui produisait, jusqu'à un certain point, le même effet qu'une horloge moderne.

On s'arrangea ensuite pour passer la soirée. Le grand fauteuil d'Ermengarde fut placé au coin de la cheminée, dans la grille de laquelle brillait un excellent feu de charbon, et sa nièce fut mise à sa droite, comme place d'honneur. Berwine rangea en ordre convenable les femmes de la maison, et, après avoir assigné la tâche de chacune, prit sa quenouille et son fuseau. Les hommes, avec l'intendant, s'assirent à l'autre bout de l'appartement, et s'occupèrent, soit à fourbir leurs armes pour la chasse, soit à remettre en bon état leurs instrumens de labourage. Pour l'amusement de toute la famille ainsi réunie, un vieillard chanta, en s'accompagnant sur une harpe qui n'avait que quatre cordes, une légende interminable sur quelque sujet religieux et presque inintelligible pour Eveline, grace à l'affectation du poète, qui, par amour pour l'allitération, figure de mots , regardée comme le principal ornement de la poésie saxonne, sacrifiait le sens au son, et recherchait les images les moins naturelles. Enfin il régnait dans ses chants toute l'obscurité du sujet lui-même, indépendamment des épithètes hyperboliques les plus ridicules.

Quoique Eveline connût la langue saxonne, elle cessa bientôt d'écouter le chanteur. Elle pensa un instant aux gais fabliaux et aux lais pleins d'imagination des ménestrels normands, et se mit ensuite à réfléchir avec inquiétude et même avec crainte à ce qui pourrait lui arriver dans la chambre mystérieuse où elle était obligée de passer la nuit.

L'instant de se séparer approchait ; la onzième heure

fut annoncée par la chute d'une des boules d'airain attachées à la torche de cire dont nous avons parlé, et qui, en tombant avec bruit dans le basssin, avertit que l'heure du repos était arrivée. Le vieux chanteur se tut sur-le-champ, sans finir une strophe qu'il avait commencée, et les domestiques des deux sexes interrompirent leurs travaux respectifs. Les uns se retirèrent dans leurs chambres ; les autres allumèrent des lampes pour conduire les personnes de la suite d'Eveline dans le lieu où elles devaient coucher ; plusieurs femmes restèrent pour l'accompagner elle-même jusqu'à la chambre où Ermengarde avait décidé qu'elle passerait la nuit. La vieille Saxonne souhaita le bonsoir à sa nièce d'un air solennel, lui fit le signe de la croix sur le front, l'embrassa, et lui dit à l'oreille : — Prends courage, et puisses-tu être heureuse !

— Ma suivante, Rose Flammock, ou ma femme de chambre, dame Gillian, femme du vieux Raoul, ne peuvent-elles passer la nuit avec moi dans mon appartement ? demanda Eveline.

— Flammock ! Raoul ! répéta Ermengarde d'un air mécontent ; et voilà donc comme ta maison est composée ! Les Flamauds sont la paralysie de la Grande-Bretagne, comme les Normands en sont la fièvre ardente.

— Et les pauvres Gallois, dit Rose, à qui le ressentiment fit oublier la crainte respectueuse que lui inspirait la vieille dame, ajouteront que les Saxons en furent la maladie originelle, une sorte de peste dévastatrice.

— Tu es trop hardie, mignonne, dit Ermengarde en fixant sur Rose ses yeux perçans ; et cependant il y a de la vérité dans ce que tu dis. Les Saxons, les Danois et les Normands ont successivement couvert ce pays, comme les flots de la mer couvrent le rivage; ils ont eu assez de force pour le subjuguer, mais il leur a manqué la sagesse nécessaire pour le conserver. Quand en sera-t-il autrement?

— Quand les Bretons, les Saxons, les Normands et les Flamands, répondit Rose sans se déconcerter, apprendront à se donner le même nom et à se regarder comme les enfans de la même patrie.

— Ha! s'écria la dame de Baldringham d'un air moitié surpris, moitié satisfait; et, se tournant vers sa nièce, elle lui dit: — Tu as une suivante qui sait parler et qui ne manque pas d'esprit. Veille à ce qu'elle n'en abuse pas.

— Elle est aussi bonne et aussi fidèle, répondit Eveline, que vive et spirituelle. Permettez, je vous prie, ma chère tante, qu'elle reste avec moi cette nuit.

— Impossible! ce serait vous exposer toutes deux à de grands dangers; c'est seule que vous devez apprendre votre destinée, comme l'ont fait toutes les femmes de notre race, à l'exception de votre grand'mère. Et quelles ont été les conséquences du mépris qu'elle a eu pour les usages de notre maison! Hélas! je vois en ce moment sa petite-fille orpheline dans la fleur de sa jeunesse.

— J'irai donc seule dans cette chambre, dit Eveline avec un soupir de résignation. On ne dira jamais que, pour éviter un moment de terreur, j'ai appelé sur moi l'infortune.

—Vos suivantes occuperont l'antichambre, et seront presque à portée de vous entendre. Berwine va vous conduire dans votre appartement. Je ne puis le faire moi-même; car vous savez que celles qui y ont passé une nuit n'y rentrent jamais. Adieu, mon enfant; et que le ciel vous accorde sa bénédiction !

Ermengarde embrassa Eveline avec plus d'émotion et de tendresse qu'elle n'en avait encore montré, et lui fit signe de suivre Berwine, qui, précédée par deux servantes portant des torches, lui montra le chemin de la chambre redoutable.

La lueur de ces torches, frappant sur les murailles grossièrement construites de deux longs corridors voûtés, les aida à gravir un escalier tournant, dont les marches raboteuses et inégales prouvaient l'antiquité; elles arrivèrent enfin dans une assez grande chambre située au premier étage. Les murs en étaient couverts d'une vieille tapisserie; un feu ardent brûlait dans la grille; les rayons de la lune pénétraient à travers une fenêtre à petits carreaux, et un jasmin tapissait la croisée de ses branches.

—Voici la chambre de vos deux suivantes, dit Berwine à Eveline en lui montrant deux lits qui avaient été préparés pour Rose Flammock et dame Gillian; maintenant allons plus loin.

Elle prit alors une torche des mains d'une des deux servantes qui semblaient frissonner d'effroi, et cet effroi fut contagieux pour dame Gillian, quoiqu'elle n'en connût probablement pas la cause. Rose Flammock suivit sa maîtresse sans hésiter, et sans attendre qu'elle le lui ordonnât, tandis que Berwine conduisait Eveline vers une petite porte qui, garnie d'un grand nombre de clous à grosse tête, communiquait à une espèce de cabinet de toilette à l'extrémité duquel était une porte semblable. Ce cabinet avait aussi une fenêtre dont les carreaux étaient ombragés par des arbustes verts, à travers lesquels la lune glissait un faible rayon.

Berwine s'arrêta devant cette porte, et, montrant Rose à Eveline, elle lui dit : — Pourquoi nous suit-elle ?

— Pour partager les dangers de ma maîtresse, quels qu'ils puissent être, répondit Rose avec la hardiesse et la vivacité qui la caractérisaient. — Parlez, ma chère maîtresse, ajouta-t-elle en prenant la main d'Eveline, dites que vous n'éloignerez pas Rose de votre présence. Si je n'ai pas l'esprit aussi élevé que votre race si vantée, je ne manque ni de courage ni de bonne volonté pour vous servir. Vous tremblez comme la feuille du saule ! N'entrez pas dans cette chambre ; ne vous en laissez pas imposer par ce mystère pompeux de préparations terribles ; moquez-vous de cette vieille superstition, qui est, je crois, à demi païenne.

— Il faut que lady Eveline entre, jeune fille, répondit Berwine d'un ton sévère, et il faut qu'elle entre sans être accompagnée d'une suivante malapprise.

— *Il faut !* répéta Rose ; *il faut !* est-ce là le langage qu'on tient ici à une demoiselle noble et libre ! Ma chère maîtresse, faites seulement le moindre geste pour me donner à entendre que vous le désirez, et je mettrai à l'épreuve cet *il faut*. J'appellerai de cette fenêtre les cavaliers normands, et je leur dirai qu'au lieu d'être entrées dans une maison hospitalière, nous sommes tombées dans une caverne de sorcières.

—Silence ! folle, s'écria Berwine tremblant de crainte et de colère ; vous ne savez pas qui demeure dans la chambre suivante !

— Je vais appeler des gens qui le sauront bientôt, dit Rose en courant vers la croisée. Mais Eveline la saisit par le bras, et lui ordonna de n'en rien faire.

— Je suis sensible à votre affection, Rose, lui dit-elle ; mais elle ne peut m'être utile dans cette circonstance. Celle qui entre dans cette chambre doit y entrer seule.

— J'y entrerai donc à votre place, ma chère maîtresse, répondit Rose. Vous êtes pâle, vous tremblez, vous mourrez de terreur si vous y entrez. Il peut y avoir autant de charlatanisme que de surnaturel dans tout ce mystère, et l'on ne me trompera pas ; ou, si quelque mauvais esprit demande une victime, il vaut mieux que ce soit Rose qui lui en serve.

— N'insistez pas ! dit Eveline cherchant à recueillir toutes ses forces ; vous me faites rougir de moi-même. C'est une ancienne épreuve à laquelle ne peuvent être soumises que les filles issues de la maison de Baldringham jusqu'au troisième degré. Il est vrai que, dans les circonstances où je me trouve, je ne m'attendais pas à la subir ; mais, puisque j'y suis appelée, je la soutiendrai avec autant de courage qu'aucune de celles qui y ont été exposées avant moi.

A ces mots, elle prit la torche des mains de Berwine, lui souhaita le bonsoir, ainsi qu'à Rose, se dégagea des mains de celle-ci, et entra dans la chambre mystérieuse. Pendant qu'elle en ouvrait la porte, Rose vit que c'était un appartement de moyenne grandeur, à peu près semblable à celui dans lequel elle était, et éclairé par une croisée donnant du même côté que celles des deux pièces précédentes. Elle n'en put voir davantage ; car Eveline, se retournant aussitôt pour l'embrasser, la repoussa doucement dans l'appartement qu'elle voulait quitter pour la suivre, et en ferma la porte de communication au verrou, comme pour se mettre en sûreté contre les projets que le zèle de sa suivante pourrait lui inspirer.

Berwine exhorta alors Rose à se retirer dans la première chambre, où les lits étaient préparés, si elle faisait quelque cas de sa vie, et à y rester en silence, sinon pour dormir, du moins pour se livrer à la prière; mais la fidèle Flamande ne voulut écouter ni la voix de la persuasion, ni celle de l'autorité.

— Ne me parlez pas de dangers! s'écria Rose. Je resterai ici pour être du moins à portée d'entendre tout ce qui pourra arriver à ma chère maîtresse, et malheur à ceux qui lui feront la moindre peine! Songez bien que vingt lances normandes entourent cette demeure inhospitalière, et qu'elles sont prêtes à venger tout outrage qui serait fait à la fille de Raymond Bérenger.

— Réservez vos menaces pour ceux qui sont mortels, dit Berwine d'une voix basse, mais perçante; l'être qui habite cette autre chambre ne les craint pas. Adieu, que ta témérité retombe sur ta tête!

Elle sortit, laissant Rose fort agitée de tout ce qui venait de se passer, et presque effrayée des derniers mots qu'elle venait d'entendre. — Ces Saxons, se dit-elle à elle-même, ne sont qu'à demi convertis, après tout, et ils conservent encore une partie des rites du paganisme dans le culte des esprits élémentaires. Leurs saints même ne ressemblent pas aux saints des autres pays chrétiens; ils ont un air sauvage et presque diabolique. Il est pourtant terrible de rester seule ici! Et tout est silencieux comme la mort dans la chambre où ma pauvre maîtresse a été si étrangement forcée d'entrer ! Appellerai-je Gillian ? Non ! elle n'a ni bon sens, ni courage ; elle ne peut m'être d'aucun secours dans une telle occasion. Il vaut mieux rester seule que d'avoir une fausse amie pour compagne. Il faut que je voie si les Normands sont à leur poste, puisque c'est sur eux qu'il faut que je compte s'il arrivait quelque événement.

En faisant cette réflexion, Rose Flammock s'approcha de la croisée du petit appartement où elle était restée, afin de se convaincre de la vigilance des sentinelles, et de voir si elle en apercevrait quelqu'une à peu de distance. La lune et les étoiles brillaient de tout leur éclat. D'abord elle fut désagréablement surprise en voyant qu'elle était à plus de distance du sol qu'elle ne le pensait. Les fenêtres des deux premières pièces et de la chambre mystérieuse donnaient sur un ancien fossé qui bordait les murs du château, auquel il avait sans doute autrefois servi de défense ; mais il semblait avoir été négligé depuis long-temps ; le fond en était à sec, et il s'y trouvait en beaucoup d'endroits des arbustes et des arbres dont les branches s'élevaient bien au-dessus des croisées, et par le secours desquelles Rose crut qu'il était possible de les escalader pour entrer dans la maison. La plaine qui s'étendait au-delà était presque entièrement découverte, et les rayons de la lune semblaient sommeiller en tombant sur le beau gazon qui la couvrait, à côté de l'ombre prolongée de la maison et des arbres. Au-delà de cette esplanade, on apercevait une forêt, sur les lisières de laquelle s'élevaient quelques grands chênes isolés, semblables à des champions avancés qui vont braver l'ennemi à quelque distance de leur corps d'armée.

La beauté calme de cette scène, le repos de toute la nature, le silence qui régnait, et les nouvelles réflexions que fit Rose, bannirent en partie les craintes que les événemens de la soirée lui avaient inspirées. Après tout, se dit-elle encore, pourquoi serais-je si inquiète pour ma maîtresse? Il y a à peine une seule famille de distinction, parmi ces fiers Normands et ces bourrus Saxons, qui ne prétende se distinguer des autres par quelque idée superstitieuse particulière à sa race, comme s'ils dédaignaient d'aller au ciel par le même chemin que de pauvres Flamands comme mon père et moi. Si je pouvais seulement voir une sentinelle normande, je ne craindrais plus rien pour la sûreté de ma maîtresse. Mais j'en aperçois une qui se promène dans l'obscurité, enveloppée de son grand manteau blanc, et dont la lance est argentée par les rayons de la lune. — Holà! sire cavalier!

Le Normand accourut, et vint jusqu'au bord du fossé.

— Que désirez-vous? lui demanda-t-il.

— La fenêtre voisine de la mienne, dit Rose, est celle de lady Eveline Bérenger, que vous êtes chargé de garder. Veillez avec attention sur ce côté du château.

— Fiez-vous-en à moi, répondit le cavalier, et serrant autour de lui sa grande chappe, espèce de surtout militaire, il alla se placer contre le tronc du chêne le plus voisin, où il resta les bras croisés, appuyé sur sa lance, et ressemblant à un trophée d'armes plutôt qu'à un guerrier vivant.

Enhardie par la certitude qu'en cas de besoin elle avait des secours à quelques pas, Rose quitta la croisée; et, après s'être assurée, en écoutant à la porte, qu'il ne régnait pas le moindre bruit dans la chambre d'Eveline, elle commença à faire quelques dispositions pour reposer elle-même. Elle rentra donc dans la première chambre, où dame Gillian, dont la frayeur avait cédé aux libations de *lithe-alos*, ale douce, d'une force et d'une qualité supérieure, qu'on l'avait engagée à boire, dormait d'un sommeil profond.

Tout en murmurant avec indignation contre l'indifférence de la femme de chambre, Rose prit les couvertures sur le lit qui lui avait été destiné, et, les emportant dans la chambre située entre les deux autres, elle ramassa les roseaux répandus sur le plancher, et en fit une espèce de couche sur laquelle elle s'étendit, ou s'assit pour mieux dire, résolue de veiller sur sa maitresse, autant que les circonstances le lui permettaient.

Contemplant la pâle planète qui parcourait dans toute sa gloire la plaine azurée du firmament, elle se promit que le sommeil ne fermerait pas ses yeux avant que le retour de l'aurore lui eût garanti la sûreté d'Eveline.

Ses pensées cependant s'élançaient vers ce monde ignoré et sans bornes qui est au-delà du tombeau ; elle réfléchissait à la grande question, encore à résoudre peut-être, de savoir si les esprits de ceux qui l'habitent sont définitivement séparés des habitans de notre globe, ou si, obéissant à une influence que nous ne saurions apprécier, ils peuvent encore avoir des communications avec des êtres formés de chair et de sang. En nier la possibilité dans ces siècles de croisades et de miracles, c'eût été encourir le reproche d'hérésie ; mais

Rose, dans son bon sens, doutait du moins que ces apparitions surnaturelles fussent fréquentes, et elle se rassurait par l'idée qu'en se soumettant à ce qui avait été exigé d'elle, Eveline ne courait aucun danger réel, et faisait seulement un sacrifice à une vieille superstition de famille : cette idée n'empêchait pourtant pas Rose de tressaillir involontairement au moindre bruit d'une feuille que le vent agitait.

A mesure que cette conviction tranquillisait l'esprit de Rose, son projet de veiller commençait à s'affaiblir. Ses pensées se tournèrent malgré elle sur des objets vers lesquels elle n'avait pas intention de les diriger, comme des moutons qui dans un troupeau s'éloignent de la vue du berger. Ses yeux ne lui faisaient plus apercevoir qu'indistinctement l'astre qu'ils continuaient à regarder. Enfin ils se fermèrent, et enveloppée dans ses couvertures, appuyée contre la muraille, et les bras croisés sur ses genoux, Rose Flammock s'endormit profondément.

Son sommeil fut troublé d'une manière effrayante par un cri aigu et perçant qui partit de la chambre où était sa maîtresse. S'éveiller, se lever, courir à la porte, fut l'affaire d'un instant pour la généreuse Flamande, que la peur n'empêchait jamais d'accomplir ses devoirs et de donner des preuves de son affection. Mais cette porte était fermée au double tour et au verrou, et un autre cri plus faible, ou plutôt un gémissement d'Eveline, sembla annoncer qu'il lui fallait des secours à l'instant, ou qu'ils arriveraient trop tard. Rose courut aussitôt à la fenêtre, et poussa un grand cri pour appeler le cavalier normand, qui était toujours à son poste sous le grand chêne, et qu'on distinguait à son manteau blanc.

Au cri au secours! au secours! on assassine lady Eveline! ce soldat, qui paraissait une statue, reprit sur-le-champ toute son activité, arriva en un instant sur le bord du fossé, et il allait le traverser en face de la croisée où il voyait Rose, et d'où elle l'excitait à se presser, de la voix et du geste, quand elle s'écria vivement, quoique respirant à peine :

— Pas ici! pas ici! à la fenêtre à droite! escaladez-la pour l'amour du ciel, et ouvrez la porte de communication.

Le soldat parut la comprendre. Il descendit dans le fossé sans hésiter, en s'aidant des branches de quelques arbrisseaux, disparut un moment dans les broussailles, mais reparut bientôt montant à un arbre dont les branches touchaient à la fenêtre de la chambre d'Eveline. Rose l'y vit arriver, et pourtant il lui restait une crainte; la fenêtre pouvait être solidement fermée à l'intérieur. Mais non; elle céda sous la main vigoureuse du Normand, et, les gonds en étant rongés par la rouille, elle tomba avec un bruit auquel le sommeil même de dame Gillian ne put résister.

Poussant de grands cris, comme dans le délire de la peur, elle s'enfuit de sa chambre à l'instant où la porte de celle d'Eveline s'ouvrait, et elle vit en sortir un soldat portant entre ses bras le corps en apparence inanimé de la jeune orpheline. Sans prononcer un seul mot, il la remit entre les bras de Rose, et toujours avec la même précipitation il disparut par la fenêtre d'où la jeune Flamande l'avait appelé.

Dame Gillian, perdant la tête de terreur et d'étonnement, poussait des cris et des exclamations, appelait du secours, et faisait questions sur questions. Enfin

Rose la réprimanda d'un ton si sévère, qu'elle parut recouvrer l'usage du peu de raison qu'elle avait. Elle reprit alors assez de calme pour aller chercher une lampe allumée dans sa chambre, puis se rendit du moins utile en indiquant les moyens à prendre pour rendre la connaissance à sa maîtresse, et en les employant de concert avec Rose. Elles y réussirent enfin ; Eveline poussa un profond soupir et entr'ouvrit les yeux, mais elle les referma aussitôt, et sa tête tombant sur le sein de sa fidèle suivante, son corps fut agité par un tremblement universel. Rose lui frappa dans les mains, lui frotta les tempes avec tout l'empressement et toutes les caresses de l'amitié ; enfin elle s'écria : — Elle vit ! elle revient à elle ! Dieu soit loué !

— Dieu soit loué ! répéta d'un ton solennel une voix qui se fit entendre près de la fenêtre ; et Rose, jetant les yeux de ce côté avec une nouvelle terreur, vit sur l'arbre le soldat qui était venu si à propos au secours de sa maîtresse, et qui semblait regarder avec intérêt ce qui se passait dans la chambre. Elle courut vers lui sur-le-champ. — Retirez-vous, lui dit-elle, vous serez récompensé dans un autre moment. Retirez-vous ! mais écoutez ! restez à votre poste, je vous appellerai, si l'on avait encore besoin de vous ; partez ! soyez fidèle et discret.

Le soldat obéit sans répondre un seul mot, et elle le vit descendre dans le fossé. Elle retourna alors vers sa maîtresse, qu'elle trouva soutenue par Gillian, faisant entendre quelques faibles gémissemens, et murmurant des mots inintelligibles, qui prouvaient que quelque cause alarmante lui avait fait éprouver un choc terrible.

Dame Gillian n'eut pas plus tôt recouvré un peu de

sang-froid, que sa curiosité s'accrut en proportion. —
Que veut dire tout cela? demanda-t-elle à Rose; que
s'est-il donc passé?

— Je n'en sais rien, répondit Rose.

— Qui peut le savoir, si ce n'est vous? répliqua Gillian. Appellerai-je les autres femmes de milady? éveillerai-je toute la maison?

— Gardez-vous-en bien, s'écria Rose; attendez que
milady soit en état de donner des ordres elle-même.
Quant à cette chambre, que le ciel m'aide! je ferai de
mon mieux pour découvrir les secrets qu'elle contient.
Ayez bien soin de ma maîtresse.

A ces mots elle prit la lampe, fit le signe de la croix,
entra hardiment dans la chambre mystérieuse, et l'examina avec attention.

C'était un appartement voûté de moyenne grandeur.
Dans un coin était une petite statue de la Vierge, grossièrement sculptée, placée au-dessus d'un bénitier
saxon, d'un travail curieux. Il ne s'y trouvait que deux
sièges et un lit sur lequel il paraissait qu'Eveline s'était
couchée. Les débris de la fenêtre brisée étaient dispersés
sur le plancher, mais c'était le soldat qui avait fait cette
effraction, et Rose ne vit aucune issue par où un étranger aurait pu s'introduire dans cet appartement, si ce
n'est la porte, par où elle était bien sûre que personne
n'avait pu passer.

Rose éprouva l'influence de la terreur qu'elle avait
surmontée jusqu'alors; et, couvrant son visage de sa
mante, comme pour préserver ses yeux de quelque
vision effrayante, elle rentra dans la seconde chambre,
d'un pas moins ferme et avec plus de vitesse qu'elle
n'en était sortie. Elle pria ensuite Gillian de l'aider à

transporter Eveline dans la première des trois chambres; après quoi elle ferma avec soin la porte de communication, comme pour mettre une barrière entre elles et le danger qui pouvait les menacer de ce côté.

Cependant Eveline avait recouvré la connaissance et les forces au point de pouvoir se mettre sur son séant, et elle commençait à prononcer quelques paroles entrecoupées. — Rose, dit-elle enfin d'une voix faible; je l'ai vue. Mon destin est fixé.

Rose songea sur-le-champ qu'il n'était pas prudent de laisser entendre à Gillian ce que sa maîtresse pourrait dire dans ce premier moment, et, adoptant à la hâte la proposition que la femme de chambre lui avait faite quelques instans auparavant, elle lui dit d'aller appeler les deux autres femmes qui avaient accompagné Eveline.

— Et où voulez-vous que je les trouve, répondit dame Gillian, dans une maison où l'on voit à minuit des étrangers armés dans une chambre, et où des diables, à ce que je puis croire, courent dans tout le reste du logis?

— Trouvez-les où vous pourrez, répondit Rose avec quelque aigreur, mais partez à l'instant.

Gillian sortit, mais à pas lents, et en murmurant quelques mots qu'on ne put entendre distinctement. A peine fut-elle hors de l'appartement que Rose, s'abandonnant à tout l'enthousiasme de son affection pour sa maîtresse, la conjura dans les termes les plus pressans d'ouvrir les yeux, car elle les avait fermés de nouveau, et de parler à Rose, à sa fidèle Rose, qui était prête à mourir, s'il le fallait, à côté de sa maîtresse.

— Demain, demain, Rose, murmura Eveline ; je ne puis parler aujourd'hui.

— Soulagez votre esprit par un seul mot, dit Rose ; confiez-moi ce qui vous a alarmée, quel danger vous appréhendez.

— Je l'ai vue, répondit Eveline, j'ai vu l'habitante de cette chambre, la vision fatale à ma race ! Ne m'en demandez pas davantage. Demain vous saurez tout.

Lorsque Gillian revint avec les deux autres femmes de la suite d'Eveline, elles conduisirent leur maîtresse, d'après l'avis de Rose, dans la chambre que ces deux femmes avaient occupée, et qui était à quelque distance. On la plaça dans un lit ; et Rose, ayant renvoyé les autres suivantes, à l'exception de Gillian, en leur disant d'aller chercher du repos où elles pourraient en trouver, resta à veiller près de sa maîtresse. Eveline fut encore fort agitée pendant quelque temps ; mais peu à peu la fatigue, et l'influence d'une potion calmante que Gillian eut assez de bon sens pour préparer et pour lui faire prendre, parurent la tranquilliser. Elle tomba dans un profond sommeil, et ne s'éveilla que lorsque le soleil paraissait déjà au-dessus des montagnes dans le lointain.

CHAPITRE XV.

―――

« J'aperçois une main pour tout autre invisible,
» Elle me fait un signe, et j'y dois obéir.
» Une voix, pour moi seule, helas! intelligible,
» Vient de se faire entendre, et dit. Il faut partir. »

MALLET.

Lorsque Eveline ouvrit les yeux, elle sembla ne conserver aucun souvenir de ce qui s'était passé la nuit précédente. Elle jeta les yeux autour de l'appartement, qui, étant destiné aux domestiques, n'offrait aux regards qu'un ameublement fort mesquin, et dit à Rose en souriant : — Notre bonne parente continue à bon marché l'ancienne hospitalité saxonne, du moins en ce qui concerne le coucher. J'aurais volontiers renoncé au grand souper qu'elle nous a fait servir hier au soir, pour obtenir un lit un peu moins dur que celui-ci. J'ai tous les membres brisés, comme si j'avais été sous le fléau d'un franklin (1) dans une grange.

— Je suis charmée de vous voir si gaie, ma chère maîtresse, répondit Rose, évitant avec soin de faire aucune allusion aux événemens de la nuit.

Dame Gillian ne fut pas si discrète. — Ou je me trompe fort, milady, dit-elle, ou vous vous êtes couchée hier soir sur un meilleur lit que celui-ci; mais pourquoi l'avez-vous quitté? il n'y a que vous et Rose Flammock qui puissiez le dire.

Si un coup d'œil pouvait ôter la vie, le regard que Rose lança à Gillian, en l'entendant parler ainsi, eût été mortel. Ce propos malavisé produisit l'effet qu'on devait en craindre : lady Eveline parut d'abord surprise et interdite; mais, recouvrant insensiblement sa mémoire, elle croisa les bras, baissa les yeux, devint fort agitée, et versa un torrent de larmes.

Rose la conjura de se calmer, et lui offrit d'aller chercher le vieux chapelain saxon pour lui donner des consolations spirituelles, si son chagrin n'en admettait pas d'autres.

— N'en faites rien, s'écria Eveline en relevant la tête et en s'essuyant les yeux. J'ai reçu des Saxons bien assez de témoignages de bonté. Que j'étais folle d'attendre de cette femme insensible et cruelle quelque compassion pour la jeunesse et les souffrances! Je ne permettrai pas qu'elle jouisse d'un misérable triomphe sur le sang normand de Bérenger, en lui laissant voir combien son inhumanité m'a fait mal. Mais d'abord,

---

(1) On nommait ainsi les propriétaires faisant valoir eux-mêmes leurs biens. — É.D.

Rose, répondez-moi avec vérité : quelqu'un de cette maison a-t-il été témoin de ma détresse la nuit dernière ?

Rose l'assura qu'elle n'avait reçu les soins que des personnes attachées à son service ; les siens, ceux de Gillian, de Blanche et de Ternote. Elle parut satisfaite de cette assurance. — Écoutez-moi toutes deux, dit-elle, et obéissez-moi scrupuleusement si vous m'aimez, ou si vous me craignez. Que pas une syllabe de ce qui s'est passé cette nuit ne sorte de vos lèvres, et donnez le même ordre de ma part à mes deux autres femmes. Ma chère Rose, aidez-moi à changer ces vêtemens en désordre ; et vous, Gillian, arrangez mes cheveux. C'est un méprisable esprit de vengeance qui animait cette femme, et cela uniquement parce que mon père était Normand ! Mais je suis déterminée à ne pas lui laisser voir la moindre trace des maux qu'elle m'a fait souffrir.

En parlant ainsi, ses yeux brillaient d'une indignation qui semblait dessécher la source des larmes dont ils avaient été remplis. Rose vit avec un mélange de plaisir et d'inquiétude le changement qui venait de s'opérer dans l'esprit de sa maîtresse, dont elle savait que le principal faible était celui d'un enfant gâté par d'imprudentes déférences, et ne pouvant supporter d'être négligé ou contrarié.

— Dieu sait, dit la fidèle suivante, que je tendrais la main pour y recevoir des gouttes de plomb fondu plutôt que de voir couler vos larmes ; et cependant, ma chère maîtresse, j'aimerais mieux vous voir à présent chagrine que courroucée. Il paraît que cette vieille dame n'a agi que conformément à quelque ancienne coutume superstitieuse de sa famille, qui est en partie la vôtre. Sa conduite et sa fortune la rendent respectable, et pressée comme vous l'êtes par les Normands, pour lesquels l'abbesse votre tante ne manquera pas de prendre parti, j'espérais que la dame de Baldringham aurait pu vous donner un asile, et vous soutenir de sa protection.

— Jamais, Rose, jamais, répondit Eveline. Vous ne savez pas, vous ne pouvez vous imaginer ce qu'elle m'a fait souffrir en m'exposant à la sorcellerie et aux démons. Vous me l'avez dit vous-même, et vous aviez raison, les Saxons sont encore à demi païens, et n'ont pas plus de christianisme que de courtoisie et d'humanité!

— Oui, répliqua Rose; mais je parlais ainsi pour vous détourner de vous exposer à un danger; à présent que ce danger est passé, je puis en juger différemment.

— Ne prenez pas leur parti, Rose, dit Eveline d'un ton décidé. Jamais victime innocente ne fut offerte sur l'autel d'un démon avec plus d'indifférence que n'en a témoigné la parente de mon père; et à moi, orpheline! à moi, privée de mon appui naturel! Je déteste sa cruauté, je déteste sa maison, je déteste la pensée de tout ce qui m'est arrivé ici! oui, Rose, de tout, excepté de ta fidélité sans égale et de ton attachement intrépide. Allez donner ordre à notre suite de monter à cheval, je veux partir à l'instant même. Point de parure! ajouta-t-elle en repoussant les deux suivantes qui réparaient le désordre de sa toilette, comme elle l'avait d'abord ordonné. Toute cérémonie est inutile; je ne m'arrêterai pas pour lui faire des adieux.

Dans le ton bref et agité de sa maîtresse Rose reconnut avec inquiétude un autre trait de ce caractère irritable qui s'était d'abord manifesté par des larmes; mais, voyant en même temps que toutes remontrances seraient inutiles, elle alla donner les ordres nécessaires pour que la petite suite qui avait accompagné Eveline se réunît, et se disposât à partir, espérant qu'en s'éloignant du lieu où sa sensibilité avait reçu un choc si violent, sa maîtresse recouvrerait par degrés son égalité d'ame.

Tout le cortège d'Eveline fit sur-le-champ ses préparatifs de départ, et dame Gillian était occupée à arranger les malles quand, précédée par son intendant, qui remplissait aussi en quelque sorte les fonctions d'huissier de la chambre, appuyée sur le bras de sa confidente Berwine, et suivie de deux ou trois de ses principales femmes, Ermengarde de Baldringham arriva elle-même, la tête droite, et le front sévère et mécontent.

Eveline, la main tremblante, les joues enflammées, et donnant d'autres signes d'agitation, s'occupait elle-même à faire quelques paquets lorsque sa tante entra. Tout d'un coup, à la grande surprise de Rose, elle exerça un tel empire sur elle-même, que, réprimant toute apparence d'émotion, elle s'avança au-devant de sa parente avec autant de dignité que celle-ci en montrait elle même.

— Je viens vous souhaiter le bonjour, ma nièce, dit Ermengarde avec un air de hauteur, mais avec plus de civilité qu'elle ne paraissait avoir d'abord eu dessein de lui en témoigner, tant le maintien ferme d'Eveline lui en imposa. J'apprends qu'il vous a plu de quitter la chambre qui vous avait été assignée, conformément à l'ancien usage de cette maison, pour prendre celle d'une domestique.

— En êtes-vous surprise? madame, lui demanda à son tour Eveline; ou êtes-vous fâchée de ne pas me trouver sans vie dans la chambre que votre affection et votre hospitalité m'avaient destinée?

— Votre sommeil a donc été interrompu? dit Ermengarde en fixant les yeux sur Eveline.

— Puisque je ne me plains pas, madame, répondit Eveline, le mal doit être regardé comme de peu de conséquence. Ce qui m'est arrivé est passé, et mon intention n'est pas de vous fatiguer en vous en faisant le récit.

— La dame au doigt rouge n'aime pas le sang de l'étranger! dit Ermengarde d'un air triomphant.

— Elle avait moins de raisons pour aimer celui du Saxon lorsqu'elle était sur la terre, répliqua Eveline, à moins que sa légende ne soit mensongère, et que votre maison, comme je le soupçonne, ne soit hantée non par l'ame de la morte qui a été assassinée entre ses murs, mais par les mauvais esprits que les descendans d'Hengist et d'Horsa, dit-on, invoquent encore en secret.

— Vous aimez à plaisanter, jeune fille, dit Ermengarde avec dédain, ou, si vous parlez sérieusement, le trait de votre sarcasme tombe à faux. Une maison qui a été bénie par le saint roi confesseur ne peut être le séjour des mauvais esprits.

— Quoi qu'il en soit, madame, votre maison n'est pas un séjour convenable pour ceux qui les redoutent, et comme j'avoue en toute humilité que je suis de ce nombre, je vais la laisser sous la garde de saint Dunstan.

— Vous ne partirez pas sans avoir déjeuné, j'espère? Vous ne ferez pas un tel affront à mon âge et à notre parenté?

— Pardon, madame; mais ceux qui reçoivent une nuit l'hospitalité chez vous, n'éprouvent pas le lendemain le besoin de déjeuner. — Rose, toutes les personnes de ma suite sont-elles prêtes à partir, ou cherchent-elles à s'indemniser, en restant couchées le matin, d'avoir eu leur repos interrompu pendant la nuit?

Rose lui répondit que toute sa suite était déjà à cheval et rassemblée dans la cour, et Eveline, faisant à sa tante une profonde révérence, s'avança vers la porte. Ermengarde lui lança un regard qui exprimait une espèce de fureur, malgré les rides de son visage et le sang à demi glacé dans ses veines. Elle leva même sa baguette d'ébène, comme si elle eût eu dessein de l'en frapper. Mais si elle avait ce projet, elle en changea tout à coup, et se détourna pour laisser passer Eveline, qui sortit sans lui parler davantage. En descendant l'escalier qui conduisait de cet appartement dans le vestibule, elle entendit derrière elle la voix de sa tante, semblable à celle d'une vieille sibylle courroucée, qui lui prophétisait des malheurs, et qui proférait des malédictions contre sa présomption et son insolence.

— L'orgueil, s'écriait-elle, va au-devant de la destruction, et une chute attend toujours l'esprit hautain. Celle qui méprise la maison de ses ancêtres, une pierre s'en détachera pour l'écraser! celle qui se joue des cheveux blancs d'une parente, ne verra jamais les siens argentés par l'âge! celle qui épouse un homme de guerre et de sang, sa mort ne sera pas paisible, et le sang la signalera!

Doublant le pas pour échapper à ces prédictions de mauvais augure, Eveline sortit de la maison avec la précaution d'une fugitive, monta sur son palefroi, et, entourée de toutes les personnes de sa suite, à qui ce prompt départ avait aussi donné quelque alarme, quoiqu'elles n'en devinassent pas la cause, elle entra à la hâte dans la forêt; le vieux Raoul, qui connaissait parfaitement le pays, leur servait de guide.

Plus agitée qu'elle ne voulait se l'avouer à elle-même, en quittant ainsi la demeure d'une si proche parente, chargée de malédictions au lieu de bénédictions qu'elle aurait eu droit d'en attendre à l'instant de son départ, Eveline marcha sans prononcer un seul mot, jusqu'à ce que les branches touffues des chênes lui eussent caché la vue de cette fatale maison.

Un bruit de chevaux qui avançaient au galop annonçait déjà l'approche du détachement que le connétable avait chargé de veiller à la sûreté de la maison de la dame de Baldringham; les soldats qui le composaient ayant quitté leurs différens postes, s'étaient réunis pour escorter Eveline sur la route de Glocester, dont une grande partie traversait la forêt de Deane. Cette forêt était alors très-considérable, quoiqu'elle ait été abattue depuis ce temps pour l'exploitation des mines. Les cavaliers joignirent la suite de lady Eveline; leurs armes réfléchissaient les rayons du soleil levant, leurs trompettes sonnaient, leurs chevaux hennissaient en caracolant; chaque cavalier cherchait à faire prendre à son coursier l'attitude la plus propre à en relever la beauté, et à faire valoir sa propre dextérité, tout en brandissant sa lance surmontée de longues banderoles, de manière à prouver l'ardeur de son courage et la vigueur de son bras. Le caractère militaire que déployaient ainsi ses concitoyens normands procura à Eveline une sensation de sécurité et de triomphe qui contribua à écarter ses sombres pensées, et à calmer l'espèce de fièvre morale qui l'agitait. Le brillant spectacle du lever du soleil, le chant des oiseaux perchés sur tous les buissons, le mugissement des bestiaux qui se rendaient dans leurs pâturages, la vue d'une biche accompagnée de son faon bondissant à ses côtés, tout concourait à dissiper la terreur qu'avait inspirée à Eveline sa vision nocturne, et à modérer le ressentiment qui avait agité son cœur depuis l'instant où elle avait quitté sa tante.

Elle permit alors à son palefroi de ralentir le pas, et les idées de convenance qu'une femme perd rarement de vue se représentant à son esprit, elle chercha à réparer le désordre que son départ avait laissé dans ses vêtemens et sa chevelure. Rose vit une pâleur plus calme succéder sur les joues de sa maîtresse aux couleurs qu'y avait appelées l'émotion de la colère ; elle vit ses yeux prendre un air de satisfaction, tandis qu'elle regardait avec une sorte de triomphe le cortège militaire qui la suivait ; et elle lui pardonna quelques exclamations que l'enthousiasme lui arracha à l'éloge des Normands, exclamations auxquelles, en toute autre occasion, elle aurait probablement fait quelque réplique.

— Nous pouvons voyager sans rien craindre, dit Eveline, sous la garde des nobles et victorieux Normands. Leur colère est celle du lion ; elle détruit ou s'apaise tout d'un coup. Leur généreuse indignation n'a rien de féroce, et leur affection romanesque n'est jamais trompeuse. Ils connaissent les devoirs du salon comme ceux du champ de bataille, et s'il était possible qu'on les surpassât dans l'art de la guerre, ce qui n'arrivera que lorsque le mont Plinlimmon sera arraché de sa base, ils seraient encore au-dessus de tous les autres peuples en courtoisie et en générosité.

— Si je ne sens pas tout leur mérite aussi vivement que si le même sang coulait dans mes veines, répondit Rose, je suis du moins charmée de les voir autour de nous dans des bois où l'on dit qu'on peut rencontrer des dangers de toute espèce ; et j'avoue que je me sens le cœur léger, à présent que nous ne pouvons plus apercevoir une seule pierre de la vieille maison où nous avons passé une nuit si désagréable, et dont le souvenir me sera toujours odieux.

Eveline la regarda avec un sourire.

— Avoue la vérité, Rose, tu donnerais ta plus belle robe pour savoir mon horrible aventure.

— Ce serait avouer seulement que je suis femme ; mais quand je serais homme, je crois que la différence de sexe ne diminuerait que bien peu ma curiosité.

— Tu ne cherches pas à te faire valoir, ma chère Rose, en parlant des autres sentimens qui te font désirer de connaître ce qui m'est arrivé ; mais je ne les apprécie pas moins. Oui, tu sauras tout, mais pas à présent, à ce que je crois.

— Quand il vous plaira, ma bonne maîtresse ; il me semble pourtant qu'en renfermant dans votre cœur un secret si terrible vous ne faites qu'en rendre le poids plus insupportable. Vous pouvez compter sur mon silence comme sur celui du saint crucifix au pied duquel nous confessons nos fautes. D'ailleurs l'imagination se familiarise avec de pareilles choses quand on en a parlé, et les dépouille peu à peu de tout appareil de terreur.

— Tu parles avec raison et prudence, Rose ; et bien certainement me trouvant entourée de ces braves guerriers, portée, comme un lis sur sa tige, par ma bonne haquenée Yseult, respirant un air doux et frais, entendant les oiseaux gazouiller, voyant les fleurs s'entr'ouvrir, et Rose à mon côté, je devrais regarder ce moment comme le plus convenable pour t'apprendre ce que tu as tant de droit à connaître. Eh bien, oui, tu vas tout savoir. Tu sais sans doute ce que les Saxons de ce pays appellent un *Bahr-geist?*

— Pardon, ma chère maîtresse, mon père m'a toujours défendu d'écouter des conversations sur de pareils sujets. Je pourrais voir assez de mauvais esprits dans le monde sans habituer mon imagination à en créer de fantastiques. J'ai entendu Gillian et d'autres Saxons se servir du mot *Bahr-geist;* mais il ne m'offre qu'une idée indéfinie de terreur, et je n'en ai jamais demandé ni reçu aucune explication.

— Sache donc que c'est un spectre, ordinairement l'image d'une personne morte, qui, soit à cause des injures qu'elle a souffertes dans un certain endroit, ou parce qu'il s'y trouve un trésor caché, ou pour tout autre motif, se montre en ce lieu de temps en temps, devient familier à ceux qui l'habitent, et s'entremêle à leur destin, tantôt pour les servir, tantôt pour leur nuire. Le *Bahr-geist* (1) est donc regardé quelquefois comme un bon génie, et quelquefois comme un esprit malfaisant, attaché à certaines familles, ou à certaines classes d'hommes. Le destin de la maison de Baldrin-

---

(1) C'est le *Bodah-glas* d'Écosse, et le *Petit-Pierre* d'un fameux roman allemand. — Éd.

gham, maison qui ne jouit pas de peu de considération, est de recevoir les visites d'un être semblable.

— Et ne puis-je vous demander quelle est la cause de cette visite, si on la connaît? demanda Rose qui désirait profiter le plus long-temps possible d'une humeur communicative qui pouvait s'épuiser incessamment.

— Je n'en connais la légende qu'imparfaitement, répondit Eveline avec un calme qui était le résultat des violens efforts qu'elle faisait pour surmonter son angoisse; mais voici, en peu de mots, ce que j'en ai entendu dire : Baldrick, héros saxon, le premier propriétaire de la maison d'où nous sortons, devint épris d'une belle Bretonne qui descendait, dit-on, de ces druides dont les Gallois parlent tant, et qui passait pour ne pas être étrangère aux secrets de la sorcellerie qu'ils mettaient en pratique lorsqu'ils offraient des sacrifices humains au milieu de ces cercles de pierres énormes, ou pour mieux dire de fragmens de rochers, dont il existe encore un si grand nombre. Après plus de deux ans de mariage, Baldrick se lassa de sa femme, au point qu'il prit la résolution cruelle de la faire mourir. Quelques-uns disent qu'il doutait de sa fidélité; d'autres prétendent qu'il y fut excité par l'Église, parce qu'elle était soupçonnée de paganisme; enfin on dit aussi qu'il voulait se procurer la liberté de faire un riche mariage; il envoya deux de ses gens dans cette fatale maison, avec ordre de mettre à mort l'infortunée Vanda, et, pour preuve qu'ils lui avaient obéi, de lui rapporter l'anneau qu'il lui avait mis au doigt le jour qu'il l'avait épousée. Ces hommes exécutèrent cet ordre sans pitié; ils étranglèrent Vanda dans la chambre où j'ai couché; sa main était si enflée qu'ils ne pouvaient lui retirer la bague qu'ils devaient présenter à leur maître ; ils lui coupèrent le doigt pour s'en emparer.

Mais long-temps avant le retour de ces cruels assassins l'ombre de Vanda s'était montrée à son mari épouvanté ; et lui présentant sa main sanglante, elle lui fit connaître que ses ordres barbares n'avaient été que trop exécutés. Elle le suivit partout, en paix comme en guerre ; à la cour, dans les camps, dans les déserts, et il mourut enfin de désespoir, en se rendant en pèlerinage à la Terre-Sainte. Depuis ce temps, le *Bahr-geist*, ou le spectre de Vanda, devint si terrible dans la maison où elle avait été assassinée, que le secours de saint Dunstan put à peine suffire pour mettre des bornes à ses visites. Cependant, après avoir réussi dans ses exorcismes, le bienheureux saint, en expiation du crime de Baldrick, imposa une pénitence sévère et perpétuelle à toutes les descendantes du Saxon, jusqu'au troisième degré ; et cette pénitence était que chacune d'elles, une fois en sa vie, et avant d'atteindre sa vingt-unième année, passerait une nuit, seule, dans la chambre où la malheureuse Vanda avait perdu la vie, en prononçant des prières pour le salut de son ame et de celle de son meurtrier.

On croit généralement que, pendant cette nuit redoutable, le *Bahr-geist* de Vanda apparaît à la jeune fille qui occupe cette chambre, et lui donne un présage de sa bonne ou de sa mauvaise fortune. Si elle doit être heureuse, Vanda lui sourit et lui donne une bénédiction de la main droite ; mais elle lui annonce des malheurs, en lui montrant celle dont un doigt lui a été coupé, et lui présente un visage sévère, comme si elle voulait punir la cruauté de son mari barbare sur une de ses descendantes. On dit même qu'elle parle quelquefois. J'ai appris tous ces détails, il y a déjà long-temps, d'une vieille Saxonne qui avait suivi mon aïeule quand elle s'enfuit de la maison paternelle pour épouser mon grand-père.

— Et votre aïeule s'était-elle soumise à cette coutume, qui, saint Dunstan me pardonne! me paraît mettre l'humanité en contact trop immédiat avec un être d'une nature équivoque?

— Ce fut l'opinion de mon aïeul, et il ne permit jamais à son épouse de retourner dans la maison de son père après son mariage. De là vint la désunion entre lui et son fils d'une part, et entre les deux familles, de l'autre. On attribue aussi les infortunes qu'éprouva mon père, et notamment la perte qu'il fit de tous ses héritiers mâles, au refus que fit ma mère de rendre l'hommage accoutumé au *Bahr-geist* de Vanda, qu'on désigne aussi sous le nom de Doigt-Rouge ou Doigt-Sanglant.

— Et sachant qu'on observait dans cette maison une coutume si horrible, comment avez-vous pu, ma chère maîtresse, vous résoudre à accepter l'invitation de la dame de Baldringham?

— Je ne sais trop comment répondre à cette question, Rose. D'abord je craignais que le malheur que venait d'éprouver mon père, en perdant la vie sous les coups de l'ennemi qu'il méprisait le plus, comme je l'ai entendu dire que sa tante l'avait prédit, n'eût été occasioné par le refus qu'il avait fait de permettre à ma mère de se conformer à cet ancien usage; ensuite j'espérais que, si le danger me paraissait trop effrayant quand je le verrais de plus près, ma tante, par courtoisie et par humanité, n'exigerait pas que je l'encourusse. Vous avez pourtant vu comme ma cruelle parente a saisi cette occasion, et comme, portant le nom de Bérenger, et ayant reçu avec son sang une partie de son courage, ainsi que je m'en flatte, il m'est devenu impossible d'échapper au piège dans lequel je m'étais laissé prendre.

— Nul égard pour le nom ou pour le rang ne m'aurait déterminée à passer une nuit dans un lieu où la crainte seule, sans y ajouter les terreurs de la réalité, aurait pu suffire pour me punir de ma présomption en me faisant perdre la raison. Mais, au nom du ciel, qu'avez-vous vu dans cette horrible chambre?

— Oui, c'est là la question, répondit Eveline en appuyant une main sur son front. Comment est-il possible que j'aie vu ce que j'ai vu distinctement, et que j'aie conservé la faculté de penser et de réfléchir? J'avais prononcé les prières prescrites pour le meurtrier et sa victime; en me couchant sur le lit qui m'avait été préparé, je n'avais quitté que la partie de mes vêtemens qui aurait pu m'empêcher de prendre du repos; en un mot, j'avais surmonté la première impression d'effroi, et j'espérais passer la nuit dans un sommeil aussi paisible que mes pensées étaient innocentes. Que je fus cruellement trompée! Je ne puis dire combien de temps j'avais dormi, quand je me sentis la poitrine oppressée par un poids extraordinaire qui semblait étouffer ma voix, arrêter les battemens de mon cœur, et m'empêcher de respirer. J'ouvris les yeux pour chercher la cause de cette horrible suffocation, et je vis penchée sur moi la Bretonne assassinée. Sa taille était surnaturelle; sa physionomie offrait des traits pleins de beauté et de dignité : mais il s'y mêlait une expression farouche de vengeance. Elle me montrait la main ensanglantée par la cruauté de son mari, et semblait se disposer à s'en servir pour me dévouer à ma perte par une fatale bénédiction, tandis que, d'une voix qui n'avait rien de terrestre, elle prononçait ces mots :

> Épouse veuve, et fille mariée,
> Tu tromperas et tu seras trompée.

Le fantôme se courba sur moi après avoir achevé ces mots, et baissa sa main ensanglantée comme s'il eût voulu me toucher le visage. La terreur me donna en ce moment le pouvoir dont elle m'avait d'abord privée. Je poussai un grand cri; la fenêtre de ma chambre s'ouvrit avec grand bruit.... Mais à quoi bon vous raconter tout cela, Rose? le mouvement de vos lèvres et de vos yeux annonce bien clairement que vous me regardez comme un enfant, effrayé d'un rêve qu'il fait.

— Ne vous fâchez pas contre moi, ma chère maîtresse; je crois bien véritablement que la sorcière que nous appelons *Mara* (1) vous a rendu visite; mais vous savez que les médecins ne la regardent pas comme un fantôme réel, et prétendent qu'il n'existe que dans notre imagination, ou que c'est un mal occasioné par quelque indisposition du corps.

— Vous êtes bien savante, jeune fille, répondit Eveline avec un peu d'aigreur; mais quand je vous aurai dit que mon ange gardien est venu à mon secours sous

(1) Éphialtes, le cauchemar, que M. Charles Nodier appelle *Smara*, dans une composition bizarre où il a déployé toute la richesse de son style et de son imagination. — Éd.

une forme humaine, que sa présence a fait évanouir le fantôme; enfin qu'il m'a transportée dans ses bras hors de cette chambre pleine de terreur, je crois qu'en bonne chrétienne vous ajouterez plus de foi à ce que je vous dis.

— En vérité, cela m'est impossible, ma chère maîtresse; c'est même cette circonstance de cet ange gardien qui me fait regarder tout cela comme un rêve. C'est une sentinelle normande, que j'ai appelée en vous entendant crier, qui est venue à votre secours, a brisé la fenêtre de votre chambre, et vous a transportée dans celle où je vous ai reçue entre mes bras sans connaissance.

— Un soldat normand! s'écria Eveline en rougissant. Ah! et qui avez-vous osé charger d'entrer ainsi dans une chambre où j'étais couchée?

— Vos yeux sont courroucés, ma chère maîtresse; mais ce courroux est-il raisonnable? N'entendais-je pas vos cris d'effroi? Devais-je en ce moment songer aux règles de l'étiquette? Pas plus que si le château eût été en feu.

— Je vous demande encore, Rose, dit Eveline avec un ton de mécontentement moins prononcé, qui est ce soldat que vous avez fait entrer dans ma chambre?

— En vérité, je ne saurais vous le dire, ma chère maîtresse, car, indépendamment de ce qu'il était enveloppé d'un grand manteau, il y avait peu d'apparence que ses traits me fussent connus, quand même j'aurais pu les examiner à loisir. Mais je découvrirai bientôt ce cavalier, et je m'en occuperai afin de lui donner la récompense que je lui ai promise, et de lui recommander de nouveau de garder le silence sur ce qui s'est passé.

— N'y manquez pas, dit Eveline, et si vous le découvrez parmi les soldats qui nous escortent, je serai tentée de partager votre opinion, et de croire que l'imagination a eu la plus grande part aux souffrances que j'ai endurées cette nuit.

Rose donna un coup de houssine à sa haquenée, et, accompagnée de sa maîtresse, elle s'approcha de Philippe Guarine, écuyer du connétable, qui commandait la petite escorte.

— Brave Guarine, lui dit-elle, j'ai parlé de ma fenêtre, la nuit dernière, à une de vos sentinelles, et elle m'a rendu un petit service dont je lui ai promis de la récompenser. Voudriez-vous vous informer quel est ce cavalier, afin que je puisse m'acquitter de ma promesse ?

— Oui certainement, ma charmante fille, répondit l'écuyer, d'autant plus que je lui dois aussi une récompense, car si l'un de mes soldats s'est approché de la maison assez près pour causer à une fenêtre avec quelqu'un, il a manqué à sa consigne.

— Bon, bon, vous lui pardonnerez cela pour l'amour de moi. Si je vous avais appelé vous-même, brave Guarine, je parie que j'aurais eu assez d'influence sur vous pour vous faire venir sous la fenêtre de ma chambre.

— Cela est vrai, dit Guarine en riant; auprès des femmes la discipline est toujours en danger.

Il alla prendre les renseignemens nécessaires parmi sa troupe, et il revint bientôt en disant qu'il avait interrogé tous ses soldats jusqu'au dernier, et qu'il n'en existait pas un seul qui n'eût assuré positivement qu'il ne s'était pas approché de la maison de la dame de Baldringham la nuit précédente

— Vous voyez, Rose, dit Eveline à sa suivante en lui adressant un coup d'œil expressif.

— Le pauvre diable craint la sévérité de Guarine, dit Rose ; mais il viendra en secret chercher la récompense que je lui ai promise.

—Je voudrais avoir le droit de la réclamer moi-même, dit l'écuyer; mais quant à ces drôles, ils ne sont pas aussi timides que vous le supposez, et ils ne sont toujours que trop prêts à vouloir se justifier d'une infraction à leur consigne, même quand ils ont une moins bonne excuse. D'ailleurs je leur avais promis l'impunité. Avez-vous d'autres ordres à me donner?

—Aucun, Guarine, répondit Eveline; mais distribuez cette bagatelle à vos soldats, afin qu'ils puissent se procurer du vin pour passer la nuit prochaine plus gaiement que celle qui l'a précédée. — Le voilà parti. Eh bien, Rose, j'espère que vous êtes bien convaincue à présent que l'être que vous avez vu n'était pas un être de ce monde?

—Je dois en croire mes yeux et mes oreilles, milady, répondit Rose.

— A la bonne heure, mais accordez-moi aussi le même privilège. Soyez bien sûre que mon libérateur, car je dois le nommer ainsi, portait les traits d'un être qui n'était ni ne pouvait être dans les environs du château de Baldringham. Mais dites-moi une chose, que pensez-vous de cette prédiction extraordinaire :

> Épouse veuve, et fille mariée,
> Tu tromperas et tu seras trompée

Vous direz que c'est une vaine imagination de mon cerveau; mais supposez un instant que ce soit un oracle prononcé par un véritable devin, qu'en diriez-vous?

— Je dirais que vous pouvez être trompée, trahie, ma chère maîtresse, mais que vous ne trahirez jamais personne, répondit Rose avec vivacité.

Eveline tendit la main à son amie, et serra avec affection celle que Rose lui présenta. — Je te remercie du jugement que tu portes, lui dit-elle, et il est confirmé par mon cœur.

Un nuage de poussière annonça l'arrivée du connétable de Chester à la tête du reste de son détachement. Sir William Herbert l'accompagnait avec plusieurs de ses parens et de ses voisins qui venaient rendre leurs devoirs à l'orpheline de Garde-Douloureuse, nom sous lequel on désignait alors Eveline.

Eveline remarqua qu'Hugues de Lacy, en la saluant, parut surpris et mécontent du peu de soin qu'elle avait pris de sa parure, ce qui avait été occasioné par son départ précipité de la maison de sa tante, et elle ne fut pas moins frappée de son côté de l'expression de sa physionomie, qui semblait dire : je ne dois pas être traité comme un homme ordinaire, qu'on peut recevoir avec négligence, et offenser avec impunité. Elle pensa, pour la première fois, que le visage du connétable, quoique manquant de grace et de beauté, était formé pour exprimer avec énergie les passions violentes, et que la dame qui porterait son nom et partagerait son rang devait être décidée d'avance à soumettre toutes ses volontés et tous ses désirs au bon plaisir d'un seigneur et maître fort arbitraire.

Cependant le nuage qui avait couvert le front du noble baron ne tarda pas à se dissiper; et dans la conversation qu'il eut peu après avec Herbert et les autres seigneurs qui étaient avec lui, ou qui arrivèrent ensuite pour le saluer et l'accompagner quelque temps, Eveline eut occasion d'admirer la supériorité qu'il montrait sur eux autant par ses pensées que par la manière de s'exprimer. Elle remarqua aussi l'attention et la déférence qu'accordaient à ses moindres paroles des hommes trop élevés en rang et trop fiers pour reconnaître une prééminence qui n'aurait pas été fondée sur un mérite reconnu. L'estime d'une femme pour un homme dépend beaucoup ordinairement de celle dont il jouit dans l'opinion générale; et, en arrivant au couvent des Bénédictines, Eveline ne put penser sans respect au guerrier renommé, au politique célèbre que ses talens universellement reconnus semblaient mettre au-dessus de tous ceux qu'elle avait vus s'approcher de lui. Eveline ne pouvait être exempte d'un peu d'ambition. L'épouse du connétable, pensa-t-elle, si elle ne trouvait pas en lui quelques-unes de ces qualités qui sont les plus séduisantes pour la jeunesse, serait du moins généralement honorée et respectée ; et, si elle ne jouissait pas d'une félicité romanesque, elle pourrait bien certainement arriver au contentement.

CHAPITRE XVI.

> « Je le vois, on vous a contre moi prévenue ;
> » Vous me croyez joueur, dissipé, libertin,
> » Mais pourtant c'est de vous que dépend mon destin.
> » Si vous me refusez ce que je vous demande,
> » Je reste sans ressource ; il faut que je me pende. »
>
> *Ancienne comédie.*

Eveline resta près de quatre mois avec sa tante, l'abbesse des Bénédictines de Glocester, sous les auspices de laquelle le connétable de Chester vit ses projets d'hymen prospérer, ce qui serait probablement arrivé sous la protection de sir Raymond Bérenger, s'il eût vécu. On peut supposer cependant que sans la prétendue vision de Notre-Dame de Garde-Douloureuse, et le vœu dont cette vision avait été suivie, l'éloignement naturel à une si jeune personne pour un mariage où il y avait une telle disparité d'âge aurait mis de grands obstacles à sa réussite. Eveline, tout en honorant les vertus du connétable, en rendant justice à son noble caractère, en admirant ses talens, ne pouvait se défaire d'une crainte secrète qu'il lui inspirait, et qui, en l'empêchant de lui exprimer le peu d'intérêt qu'elle prenait à ses avances, la faisait quelquefois frissonner, sans qu'elle sût pourquoi, à l'idée seule qu'elle pourrait devenir son épouse.

Les mots de mauvais augure « — tu tromperas et tu seras trompée — » revenaient à sa mémoire ; et quand sa tante, lorsque le temps du grand deuil fut passé, eut fixé une époque pour ses fiançailles, elle l'envisagea avec un sentiment de terreur qu'elle ne pouvait s'expliquer à elle-même, et qu'elle ne confia pas, même sous le sceau de la confession, au père Aldrovand, non plus que ce qui lui était arrivé chez Ermengarde de Baldringham ; ce n'était point aversion pour le connétable ; ce n'était point préférence pour quelque autre ; c'était un de ces mouvemens d'instinct par lesquels la nature semble nous mettre en garde contre un danger qui s'approche de nous, quoique sans nous en indiquer la nature, ni nous suggérer les moyens de l'éviter.

Ces appréhensions devenaient si violentes en certains momens, que si elles eussent été secondées, comme autrefois, par les remontrances de Rose Flammock, elles auraient peut-être encore déterminé Eveline à prendre une résolution défavorable aux vœux d'Hugues de Lacy. Mais ayant encore plus de zèle pour l'honneur de sa maîtresse que pour son bonheur, Rose s'était strictement interdit tout discours qui aurait pu ébranler la détermination d'Eveline, quand celle-ci eut une fois donné son consentement aux propositions du connétable ; et quelque chose qu'elle pût penser ou prévoir relativement à ce mariage projeté, elle parut ne plus le regarder que comme un événement nécessaire.

De Lacy lui-même, à mesure qu'il apprit à mieux connaître le prix de la récompense à laquelle il aspirait, regarda cette union avec des sentimens tout différens de ceux qui l'avaient animé lorsqu'il en avait fait la première proposition à Raymond Bérenger. Ce n'était alors qu'un mariage d'intérêt et de convenances qui s'était présenté à l'esprit d'un seigneur fier et politique, comme un moyen de consolider son pouvoir et de perpétuer sa noble race. La beauté d'Eveline ne fit pas même sur lui l'impression qu'elle aurait dû produire sur un homme animé de l'esprit chevaleresque de ce siècle. Il avait passé cette époque de la vie où l'homme sage lui-même se laisse séduire par les avantages extérieurs; on aurait pu même croire qu'il aurait prudemment désiré que la belle Eveline eût quelques charmes de moins et quelques années de plus, pour rendre ce mariage mieux assorti. Cette espèce de stoïcisme s'évanouit pourtant quand, après avoir eu plusieurs entrevues avec celle qu'il regardait comme sa future épouse, il reconnut qu'elle était à la vérité sans expérience du monde, mais disposée à se laisser guider par une prudence supérieure à la sienne; et que, quoique douée d'un esprit élevé et d'un caractère qui commençait à reprendre sa gaieté naturelle, elle était douce, docile, et par-dessus tout armée d'une fermeté de principes qui semblait garantir qu'elle marcherait sans faire un faux pas sur le sentier glissant que la jeunesse, le haut rang et la beauté ont à parcourir.

A mesure qu'un sentiment plus vif et plus passionné pour Eveline se développait dans le cœur de Lacy, les engagemens qu'il avait pris comme croisé commençaient à lui devenir de plus en plus pesans. L'abbesse des Bénédictines, naturellement chargée de veiller au bonheur de sa nièce, les lui rendait encore plus insupportables par ses raisonnemens et ses remontrances. Quoique dévouée au cloître et à la solitude, elle avait du respect pour le saint état du mariage, et ce qu'elle en comprenait lui démontrait suffisamment que le but principal de l'union conjugale ne pouvait être atteint si le continent européen se trouvait placé entre les deux époux. Il est vrai que le connétable lui donna une fois à entendre que sa jeune épouse pourrait l'accompagner dans le camp de croisés; mais à la seule idée de voir conduire sa nièce dans un lieu plein de dangers et de dissolution, la bonne abbesse fit le signe de la croix avec une sainte horreur, et ne souffrit jamais qu'une telle proposition fût répétée en sa présence.

Il n'était pourtant pas très-rare que les rois, les princes et les autres personnages de haute importance qui avaient fait le vœu de prendre les armes pour délivrer Jérusalem obtinssent de l'église de Rome, en prenant à cet effet les moyens convenables, un délai pour remplir leur engagement, et quelquefois même en fussent entièrement dispensés. Le connétable, s'il eût sollicité la permission de rester en Angleterre, avait l'avantage de pouvoir compter sur tout le crédit de son souverain pour appuyer sa demande, car c'était sur sa valeur et sa politique qu'Henry comptait principalement pour maintenir le bon ordre sur les frontières toujours exposées du pays de Galles, et ce n'était certainement pas avec plaisir qu'il avait vu un sujet si utile prendre la croix.

Il fut donc résolu, dans un conseil privé tenu entre l'abbesse et le connétable, que celui-ci solliciterait auprès du saint-siège à Rome, et près du légat du pape en Angleterre, un délai de deux ans au moins pour s'acquitter de son vœu; faveur qu'il croyait qu'on pourrait difficilement refuser à un homme ayant autant de fortune que d'influence, et qu'il avait dessein d'appuyer par les offres les plus libérales d'assistance pour délivrer la Terre-Sainte du joug des infidèles. Ses offres étaient réellement magnifiques; car il proposait, s'il était dispensé du service personnel, d'envoyer à la croisade cent lances à ses frais, chaque lance accompagnée de trois archers, de deux écuyers et d'un varlet, ce qui doublait le nombre des soldats qu'il avait promis d'y conduire en personne. Il avancerait en outre, dit-il, une somme de deux mille besans pour contribuer aux dépenses générales de l'expédition, et mettrait à la disposition des croisés les bâtimens qu'il venait de faire équiper pour s'y embarquer avec sa suite.

Cependant, tout en faisant de si belles offres, le connétable ne se dissimulait pas qu'elles ne répondraient pas à l'attente du rigide prélat Baudouin, qui, ayant prêché lui-même la croisade, et déterminé le connétable avec tant d'autres seigneurs à prendre la croix, devait voir avec mécontentement l'œuvre de son éloquence mise en danger par la retraite d'un appui si important. Voulant donc désarmer par tous les moyens possibles le ressentiment de l'archevêque, il promit encore que, s'il lui était permis de rester en Grande-Bretagne, il mettrait à la tête de ses forces son neveu Damien de Lacy, déjà renommé par ses exploits, malgré sa jeunesse, l'espoir de sa maison, et qui devait en être un jour le chef, s'il venait lui-même à mourir sans héritiers en ligne directe.

Le connétable choisit la forme la plus prudente pour communiquer ces propositions au prélat, en chargeant de son message un ami commun, sur la bonne volonté duquel il pouvait compter, et qui passait pour avoir beaucoup de crédit sur l'esprit de Baudouin. Mais, malgré la splendeur de ces offres, l'archevêque les écouta avec un air sombre, silencieux, et dit enfin qu'il ferait connaître sa réponse au connétable dans une entrevue qu'il aurait avec lui, un jour qu'il lui indiquerait, quand les affaires de l'Église l'appelleraient dans la ville de Glocester. Le rapport que fit le médiateur à Hugues de Lacy fut de nature à lui faire prévoir qu'il aurait à soutenir une lutte sérieuse contre un ecclésiastique fier et puissant; mais puissant et fier lui-même, et soutenu par la faveur de son souverain, il se flatta encore d'en sortir victorieux.

La nécessité d'arranger cette affaire importante, et la mort récente du père d'Eveline, empêchèrent De Lacy de faire la cour publiquement à la belle orpheline, et de signaler son amour par des prouesses militaires dans des tournois où, en toute autre occasion, il aurait désiré pouvoir déployer son adresse et son courage aux yeux de sa maîtresse; d'une autre part, les règles du couvent ne lui permettaient pas de lui donner des divertissemens d'une nature plus pacifique, comme des bals et des concerts; et, quoiqu'il témoignât son attachement par des présens magnifiques qu'il faisait à sa future épouse et aux personnes de sa suite, toute cette affaire, suivant l'opinion de dame Gillian, qui ne manquait pas d'expérience, rappelait la marche solennelle d'un convoi funèbre plutôt que le pas léger d'une noce.

Eveline aussi pensait à peu près de même, et il lui semblait quelquefois qu'elle aurait trouvé un soulagement au poids qui l'oppressait dans les visites du jeune Damien, dont l'âge, si rapproché du sien, aurait pu faire diversion aux attentions graves de son oncle plus sérieux. Mais elle ne le voyait jamais; et, d'après ce que lui en disait le connétable, elle était portée à s'imaginer que l'oncle et le neveu avaient, du moins momentanément, changé ensemble de caractère et d'occupations. Hugues de Lacy, à la vérité, pour observer littéralement son vœu, continuait à demeurer sous un pavillon qu'il avait fait élever aux portes de Glocester; mais il était rare qu'il se couvrit de ses armes, et il avait substitué la soie, le damas et d'autres étoffes coûteuses à son ancien justaucorps de chamois; en un mot, à un âge déjà avancé, il semblait avoir plus de goût pour une parure recherchée qu'on ne se souvenait de lui en avoir jamais vu dans sa première jeunesse. Damien, au contraire, restait presque constamment sur les frontières du pays de Galles, s'occupant à apaiser par sa prudence ou à réprimer par sa valeur les troubles qui ne cessaient d'y régner. Eveline apprit même avec surprise que ce n'était pas sans difficulté que son oncle avait obtenu de lui qu'il reviendrait à Glocester pour assister à la cérémonie qui devait précéder leur mariage, et que les Normands appelaient *fiançailles*. Cette cérémonie, que le mariage suivait après un intervalle plus ou moins long, se célébrait ordinairement avec une solennité proportionnée au rang des parties contractantes.

Le connétable ajouta, avec des expressions de regret, que le jeune Damien prenait trop peu de repos; qu'il ne se permettait pas assez de sommeil, et qu'il se livrait à des fatigues excessives; que sa santé en avait souffert; et qu'un savant médecin juif avait déclaré qu'un séjour dans un climat plus chaud serait nécessaire pour rendre à sa constitution sa vigueur naturelle.

Eveline apprit cette nouvelle avec regret; car elle se rappelait toujours Damien comme l'ange tutélaire qui était venu le premier lui annoncer, à Garde-Douloureuse, qu'elle n'avait plus rien à craindre des Gallois qui l'assiégeaient. Elle trouvait une sorte de plaisir à songer aux diverses occasions où elle l'avait vu, quoiqu'il fût mêlé de souvenirs douloureux, tant il lui avait prodigué d'attentions, et tant elle avait trouvé de consolation dans la douce pitié qu'il lui montrait. Elle aurait désiré le voir, afin de pouvoir juger elle-même de la nature de sa maladie; car, de même que beaucoup d'autres demoiselles de ce temps, elle avait quelque connaissance dans l'art de guérir; et le père Aldrovand, qui était lui-même assez bon médecin, lui avait appris à extraire des sucs salutaires de fleurs et de plantes cueillies sous l'influence de certaines planètes.

Ce fut donc avec une sensation de plaisir mêlé de quelque confusion, occasionnée sans doute par l'idée de vouloir remplir les fonctions de médecin auprès d'un si jeune malade, qu'un soir que toute la communauté était réunie en chapitre pour quelque affaire elle entendit Gillian lui annoncer que le parent du connétable demandait à lui parler. Prenant à la hâte le voile qu'elle portait pour se conformer aux usages du couvent, elle descendit précipitamment au parloir, en ordonnant à Gillian de l'y accompagner, ordre que la femme de chambre ne jugea pourtant pas à propos d'exécuter.

Dès qu'elle y entra, un homme qu'elle n'avait jamais vu vint à sa rencontre, fléchit un genou devant elle; et, prenant le bas de son voile, le baisa respectueusement. Surprise et alarmée, elle fit un pas en arrière, quoique l'air de cet étranger n'eût rien qui justifiât ses appréhensions. Il paraissait âgé de trente ans environ, avait une belle taille, des traits nobles quoique flétris, et une physionomie sur laquelle les maladies ou les passions dont il avait éprouvé l'influence de bonne heure avaient déjà exercé les ravages qui marchent ordinairement à la suite des années. Ses manières annonçaient la courtoisie et le respect le plus humble. Il s'aperçut de l'étonnement d'Eveline, et lui dit avec une émotion qui n'était pas sans mélange de fierté : — Je crains d'avoir été indiscret, et que ma visite ne vous paraisse un acte de présomption.

— Levez-vous, monsieur, répondit Eveline, et apprenez-moi votre nom et l'affaire qui vous amène. On m'avait dit que je trouverais ici un parent du connétable de Chester.

— Et vous vous attendiez à y voir le jeune Damien, dit l'étranger. Mais le mariage dont le bruit retentit dans toute l'Angleterre vous fera connaître d'autres rejetons de la famille De Lacy, et entre autres le malheureux Randal, qui est devant vous en ce moment. Peut-être la belle Eveline Bérenger n'a-t-elle pas même entendu son nom sortir de la bouche de son plus fortuné parent, plus fortuné sous tous les rapports, mais surtout dans sa perspective nouvelle.

En finissant ce compliment, il la salua profondément, et Eveline se trouva fort embarrassée, ne sachant comment répondre à ces civilités. Elle se souvenait d'avoir entendu le connétable dire quelques mots de ce Randal quand il lui avait parlé de sa famille, mais c'était en termes qui indiquaient qu'il n'existait pas entre eux une bonne intelligence. Elle se borna donc à lui faire une révérence à son tour, et à le remercier de l'honneur de sa visite, espérant qu'il prendrait congé d'elle; mais il n'était pas venu pour se retirer si promptement.

— A la froideur avec laquelle lady Eveline Bérenger me reçoit, dit-il, je comprends que l'opinion que mon parent lui a donnée de moi, si toutefois il a daigné prononcer mon nom devant elle, ne m'a pas été favorable, pour ne rien dire de plus. Et cependant mon nom a obtenu autrefois à la cour et dans les camps autant d'estime que celui du connétable lui-même; s'il est déchu, il ne le doit qu'à ce qu'on regarde souvent comme la plus honteuse des disgraces, la pauvreté, qui m'empêche d'aspirer aujourd'hui aux places qui me vaudraient de l'honneur et de la renommée. Si les folies de ma jeunesse ont été nombreuses, j'en ai été bien puni par la perte de ma fortune et par la dégradation que j'éprouve et dont mon heureux parent pourrait, s'il le voulait, m'aider à sortir; je ne dis pas par des secours pécuniaires, je ne voudrais pas vivre d'aumônes arrachées à la main d'un parent qui s'est éloigné de moi; mais sa protection ne lui coûterait rien, et, s'il me l'accordait, je pourrais en retirer quelque utilité.

— C'est ce dont le noble connétable doit être juge lui-même, répondit Eveline. Je n'ai, jusqu'à présent du moins, aucun droit de me mêler de ses affaires de famille ; et, si je l'acquérais un jour, il me conviendrait de n'en user qu'avec réserve.

— C'est répondre avec prudence, répondit Randal ; mais ce que je vous demande est uniquement d'avoir la bonté de présenter à mon heureux cousin une demande qu'il me serait difficile de forcer ma langue à lui faire avec le ton de soumission convenable. L'avidité des usuriers, qui a déjà dévoré ma fortune, me menace à présent de la prison, et ils n'oseraient me faire cette menace, encore moins l'exécuter, s'ils ne me voyaient oublié, repoussé par le chef naturel de ma famille; s'ils ne me regardaient comme un proscrit sans amis plutôt que comme un descendant de la puissante maison de Lacy.

— C'est une triste situation, dit Eveline ; mais je ne vois pas ce que je puis faire pour vous servir.

— Rien n'est plus facile, répliqua Randal. Le jour de vos fiançailles est fixé, à ce que j'ai entendu dire, et vous avez le droit de choisir les témoins pour cette cérémonie solennelle : tous les saints puissent-ils la bénir ! Pour tout autre que moi, y assister ou en être absent, ce n'est qu'une affaire de pure forme ; mais, pour moi, il y va presque de la vie ou de la mort. Je suis dans une telle position, que, si je reçois une marque prononcée d'indifférence ou de mépris, en étant exclu de cette réunion de famille, on me regardera comme définitivement désavoué par la maison de Lacy ; et ce sera un signal pour faire tomber sur moi, sans merci ni pitié, mille chiens affamés, qui seraient muselés par le moindre signe d'appui que ferait en ma faveur mon puissant cousin. Mais pourquoi abuser si longtemps de votre complaisance ? Adieu, milady ; puissiez-vous être heureuse ! et ne m'en voulez pas d'avoir interrompu quelques minutes le cours de pensées plus agréables pour vous forcer à donner quelque attention à mes infortunes.

— Un instant, monsieur, dit Eveline, émue par le ton suppliant et les manières respectueuses de Randal. Vous n'aurez pas à dire que vous avez confié vos malheurs à Eveline Bérenger sans en recevoir toute l'aide qu'il est en son pouvoir de vous accorder. Je ferai part de votre demande au connétable de Chester.

— Il faut faire plus encore si vous désirez véritablement m'obliger, s'écria Randal de Lacy. Il faut que vous fassiez de cette demande une affaire qui vous soit personnelle. Vous ne savez pas encore, ajouta-t-il en fixant sur elle un regard expressif, combien il est difficile de changer la détermination d'un De Lacy. Dans un an d'ici, vous aurez appris probablement combien nos résolutions sont inébranlables. Mais, à présent, comment résister à un désir que vous daigneriez exprimer ?

— Si vous n'obtenez pas votre demande, monsieur, répondit Eveline, je n'aurai pas à me reprocher de ne l'avoir pas appuyée avec tout l'intérêt possible ; mais vous devez sentir que c'est au connétable lui-même qu'il appartient de l'accorder ou de la refuser.

Randal prit congé d'elle avec le même respect que lorsqu'il l'avait abordée, si ce n'est qu'en arrivant il s'était borné à baiser le bas de son voile, et qu'il lui rendit hommage, en la quittant, en touchant sa main de ses lèvres. Eveline le vit partir avec un mélange d'émotions parmi lesquelles la compassion dominait, quoiqu'elle trouvât quelque chose d'offensant dans la manière dont il s'était plaint de la dureté du connétable à son égard, et qu'en avouant les folies de sa jeunesse il eût paru inspiré par un orgueil blessé plutôt que par un esprit de regret sincère.

La première fois qu'elle vit ensuite le connétable elle lui fit part de la visite et de la demande de Randal. Pendant qu'elle lui en rendait compte elle examina avec attention sa physionomie; et quand elle prononça pour la première fois le nom de son cousin, elle vit briller dans ses yeux un éclair de courroux. Il le maîtrisa pourtant bientôt, et écouta en baissant les yeux le détail qu'elle lui donna de tout ce qui s'était passé entre elle et Randal, et la demande qu'elle lui fit que son cousin serait un des témoins invités à leurs accordailles.

Le connétable garda le silence un instant, comme s'il eût cherché le moyen d'éluder cette sollicitation; enfin il lui répondit : — Vous ne savez pas pour qui vous me faites cette demande; sans quoi vous ne vous en seriez peut-être pas chargée; vous n'en connaissez même pas toute l'étendue, quoique mon astucieux cousin sache fort bien que lui accorder la grace qu'il me demande c'est en quelque sorte m'engager aux yeux du monde à intervenir encore dans ses affaires, ce sera la troisième fois, et à le remettre sur un pied qui lui permette de se relever de sa chute, et de réparer ses nombreuses erreurs.

— Et pourquoi ne le feriez-vous pas, milord? dit la

généreuse Eveline. Si ses folies l'ont ruiné, il est maintenant d'un âge à pouvoir éviter les pièges des tentations, et, s'il a du courage et un bon bras, il peut encore faire honneur à la maison de Lacy.

— Dieu sait, dit le connétable en secouant la tête, qu'il a un courage et un bras en état de servir, soit en bien, soit en mal. Au surplus, je ne veux pas qu'on puisse jamais dire, belle Eveline, que vous ayez fait à Hugues de Lacy une demande qu'il ne fût pas disposé à vous accorder. Randal sera présent à nos fiançailles. Il y a même une raison de plus pour l'y inviter, car je crains que notre neveu plus estimable, Damien, ne puisse y assister. J'apprends que sa maladie augmente, et il s'y joint d'étranges symptômes d'emportemens momentanés auxquels aucun jeune homme n'avait jamais été moins sujet que lui.

FIN DU TOME PREMIER DES HISTOIRES DU TEMPS DES CROISADES.

OEUVRES COMPLÈTES
DE
SIR WALTER SCOTT.

Cette édition sera précédée d'une notice historique et littéraire sur l'auteur et ses écrits. Elle formera soixante-douze volumes in-dix-huit, imprimés en caractères neufs de la fonderie de Firmin Didot, sur papier jésus vélin superfin satiné; ornés de 72 *gravures en taille-douce* d'après les dessins d'Alex. Desenne; de 72 *vues* ou *vignettes* d'après les dessins de Finden, Heath, Westall, Alfred et Tony Johannot, etc., exécutées par les meilleurs artistes français et anglais ; de 30 *cartes géographiques* destinées spécialement à chaque ouvrage; d'une *carte générale de l'Écosse*, et d'un *fac-simile* d'une lettre de Sir Walter Scott, adressée à M. Defauconpret, traducteur de ses œuvres.

CONDITIONS DE LA SOUSCRIPTION.

Les 72 volumes in-18 paraîtront par livraisons de 3 volumes de mois en mois; chaque volume sera orné d'une *gravure en taille-douce* et d'un titre gravé, avec une *vue* ou *vignette*, et chaque livraison sera accompagnée d'une ou deux *cartes géographiques*.

Les *planches* seront réunies en un cahier séparé formant *atlas*.

Le prix de la livraison, pour les souscripteurs, est de 12 fr. et de 25 fr. avec les gravures avant la lettre.

Depuis la publication de la 3e livraison, les prix sont portés à 15 fr. et à 30 fr.

ON NE PAIE RIEN D'AVANCE.

Pour être souscripteur il suffit de se faire inscrire à Paris

Chez les Éditeurs :

CHARLES GOSSELIN, LIBRAIRE
DE S. A. R. M. LE DUC DE BORDEAUX,
Rue St.-Germain-des-Prés, n. 9.

A. SAUTELET ET Cº,
LIBRAIRES,
Place de la Bourse.

www.ingramcontent.com/pod-product-compliance
Lightning Source LLC
Chambersburg PA
CBHW050653170426
43200CB00008B/1271